rowohlt

Josef Kraus

HELIKOPTER-ELTERN

Schluss mit Förderwahn und Verwöhnung

Rowohlt

3. Auflage September 2013
Copyright © 2013 by Rowohlt Verlag GmbH,
Reinbek bei Hamburg
Alle Rechte vorbehalten
Lektorat Ulrike Meiser, Düsseldorf
Satz Sabon PostScript, InDesign,
bei Pinkuin Satz und Datentechnik, Berlin
Druck und Bindung CPI books GmbH, Leck
Printed in Germany
ISBN 978 3 498 03409 2

Meinen Eltern
Sophie und Joseph Kraus

Inhalt

Ein Wort vorab

Die Vorgeschichte dieses Buchs reicht zurück ins Jahr 2012. Ich hatte damals für die *FAZ* einen Artikel mit dem Titel verfasst: «Maximale Verwöhnung, gigantischer Erfolgsdruck». Einige Wochen später wurde ich in der *FAS* zu einem ganz ähnlichen Thema interviewt: «Wir erziehen eine unmündige Generation». Kurz darauf lud mich Frank Plasberg zur Talkrunde «hart aber fair» ein. Das Thema: «Umsorgt vom Kreißsaal bis zum Hörsaal – kommt jetzt die Generation Weichei?» Diese drei Ereignisse und die darauf folgende große Resonanz waren die Auslöser für dieses Buch.

Beliebt macht man sich mit einem solchen Buch nicht unbedingt – vor allem nicht bei denen, die hier angesprochen sind, die es mit der Erziehung gut meinen und sich mit allen Kräften für ihre Kinder einsetzen – nur ein bisschen zu viel unter Umständen.

So gab es schon auf meine Äußerungen in den Medien neben sehr viel Zustimmung auch harte Kritik: Ich hätte Eltern das Recht abgesprochen, ihre Kinder so zu erziehen, wie sie es für richtig hielten. Ich hätte den Eltern den Schwarzen Peter zugeschoben, statt kritisch über die Defizite schulischer Erziehung zu reflektieren. Ich hätte die Gefahren für Kinder vernachlässigt, wenn man sie ungeschützt der Umwelt überließe. Ich sähe nicht, dass man Kindern inmitten des globalen Wettbewerbs alles mitgeben müsse, was im Bereich des Möglichen liege. So oder ähnlich lauteten die Vorwürfe.

Insgesamt gab es fast tausend Einträge im Gästebuch von «hart aber fair» und über zweihundert Leserbriefeinträge im Forum der *FAZ* und *FAS*: Wie vermutlich immer gingen rund 20 Prozent der Zuschriften am Thema vorbei, 20 Prozent der Einträge gingen in Richtung der skizzierten Kritik. 60 Prozent derjenigen, die sich meldeten, zeigten sich kritisch bis besorgt ob der zunehmenden Verwöhnung und Überbehütung der Kinder durch deren Eltern, oder sie ergänzten meine Thesen mit interessanten eigenen Erfahrungen und Urteilen.

Das Thema «Helikopter-Eltern» scheint also ein Thema zu sein, das Menschen, besonders viele Eltern, heute bewegt. Mich jedenfalls bewegt es als Pädagogen, als Psychologen, als außerparlamentarischen Bildungspolitiker, als Staatsbürger, als Vater, als Großvater.

Das Anliegen meines Buchs ist es somit, den Eltern zu helfen, über ihr Oszillieren zwischen erzieherischer Allmachtsvision und Ohnmachtspanik, zwischen sinnvoller Kindorientierung und unreflektierter Kindversessenheit, zwischen Dressur und Verwöhnung, zwischen natürlicher Schutzhaltung und Überbehütung, zwischen liebevoller Zuwendung und Gängelung einmal nachzudenken und sie zu mehr Bodenständigkeit, Spontaneität und Intuition in der Erziehung zu verführen. Oder ganz konkret: Eltern die Angst vor dem Erziehen zu nehmen und erkennen zu helfen, dass das richtige Maß entscheidend ist. Die Helikopter-Eltern meinen es besonders gut, das zeichnet sie aus. Aber das besonders Gute ist oft der Feind des Guten.

Ich wünsche mir sehr, dass es mir gelingt, mit manchen pädagogisch-psychologischen Ammenmärchen aufzuräumen sowie den einen oder anderen pädagogischen Elternflüsterer und seine Motive ins rechte Licht zu rücken. Nicht zuletzt deshalb, damit

Eltern durch Ratgeber aller Art in ihrer wichtigen und großen Aufgabe nicht noch mehr enteignet werden und damit ihnen am Ende immer eines bleibt: mehr Zeit für ihre Kinder.

Helikopter-Pädagogik hat viele Gesichter

Das Bild von den «Helikopter-Eltern» ist zwar sehr plakativ, aber zutreffend. Man hat sofort vor Augen, was gemeint ist. Tatsächlich kommen einem manche Eltern wie die schnelle militärische Eingreiftruppe vor. Es sind Eltern, die ständig wie Beobachtungsdrohnen über den Kindern schweben, die ihren Nachwuchs ab der ersten Stunde an der elektronischen Nabelschnur des Mobiltelefons durchs Leben geleiten und beim kleinsten seelischen oder körperlichen Wehwehchen herbeistürmen, um alles wieder ins Reine zu bringen.

Ich will das Bild von den Hubschraubern nicht überstrapazieren, sonst müsste ich drei verschiedene Hubschraubertypen genauestens erklären und auf das Pädagogische übertragen. Nur ganz kurz: Es gibt den Typ «Rettungshubschrauber», den Typ «Transporthubschrauber» und den Typ «Kampfhubschrauber», Marke «Black Hawk». Somit spricht man in den USA bereits von den «Black Hawk Parents». Weitere Sprachbilder aus dem technischen Bereich sind dort im Umlauf. «Airbag»-Eltern sind Eltern, die zum Beispiel die Zimmer ihrer Kinder an allen Ecken und Kanten mit Schaumgummi ausstaffieren – oder sie von vornherein in ein Aufprallkissen verpacken.

Ich habe mich bemüht, umfassend zu recherchieren, und sowohl wissenschaftliche als auch populäre Literatur ausgewertet. Ein wissenschaftliches Werk soll das Buch nicht sein. Ich möchte die Fakten und Zusammenhänge aufzeigen – und dabei aber auf zugespitzte Bewertungen nicht verzichten, um mein Anliegen verdeutlichen zu können. Ich möchte auch provozieren, um auf bestimmte Entwicklungen aufmerksam zu machen. Damit sich vielleicht auch die Eltern selbst der Kritik stellen können. Verletzen will ich Eltern mit meiner bewussten Überzeichnung und Ironie keineswegs. Nur gewinnen und einladen zum Nachdenken und Überprüfen.

Ich würde allerdings niemals so weit gehen, wie es der Lehrer David McCullough anlässlich seiner Rede zur Abschlussfeier an einer elitären High School in *Wellesley*, einem Vorort von Boston, am 1. Juni 2012 tat. Er las seinen Absolventen in einer Rede, die millionenfach auf YouTube angeklickt wurde und fast ebenso oft Zustimmung fand, die Leviten: «You are not special … You are not exceptional … You've been pampered, cosseted, doted upon, helmeted, bubble-wrapped … But do not get the idea you're anything special. Because you're not.» Dass sie nichts Besonderes, nichts Außergewöhnliches, dass sie in Watte gepackt und unter eine Art Schutzglocke gesteckt worden seien, sage ich den Absolventen meiner Schule nicht, weil das ganz und gar nicht meine Meinung ist. Aber ich möchte es gern so manchen Eltern sagen. Die Kinder können ja nichts dafür, wenn sie einerseits zu ihrem eigenen Schaden zu sehr von den Eltern gefördert werden, ohne noch ein Quäntchen Freiraum zur Entwicklung zu haben, und andererseits zu sehr gepampert werden, damit sie bloß nicht vom Ziel der Eltern abgelenkt werden. Die Eltern rauben ihnen damit ein Stück Zukunft – genauer: die Grundausstattung, um ihre Zukunft zu bewältigen oder gar zu gestalten. Kindern in der

Gluckenfalle wird eine wichtige Mitgift für das Leben vorenthalten. Und ein allein auf die zukünftigen Chancen eines Kindes ausgerichteter Förderwahn bedroht am Ende die Kindheit. Indem die Gegenwart nicht mehr gelebt werden darf, weil nur noch die Zukunft zu zählen scheint, könnte man behaupten: «Ja, die Zukunft frisst ihre Kinder.» Deshalb gilt auch hier: Gut gemeint ist oft das Gegenteil von gut.

Wir sollten als Eltern bei allen durchaus natürlichen Motiven, alles regeln und unter Kontrolle bekommen zu wollen, daran denken, dass Einmischung, Umklammerung, Überbehütung, Verschonung und Verwöhnung nicht nur Aspekte der Individualpsychologie, der Familienpsychologie und der Schulpädagogik sind. Es geht hier um das Wohl der Kinder, aber auch um gesellschaftliche, wenn nicht sogar gesellschaftspolitische Implikationen. Und es geht am Ende um den Bestand eines Gemeinwesens, dessen Basis der freiheitlich-demokratische Rechtsstaat mit seinem Wirtschaftssystem der sozialen Marktwirtschaft ist. Lebten in ihm eines Tages nur noch gedrillte, verwöhnte, verschonte und überbehütete Menschen, würde dieses demokratische Gemeinwesen nicht mehr funktionieren, weil dann die tragfähige Basis fehlte.

Die Verwendung des Begriffs «Dekadenz» an dieser Stelle mag provokant wirken, und man ist geneigt, ihn für unpassend zu erachten. Zu denken geben müssten uns aber Aussagen namhafter Historiker und Politologen, unter ihnen Alexander Demandt, der die Dekadenz in seinem Werk «Das Ende der Weltreiche» (1997) als «die Verbindung verfeinerten Lebensstils mit sinkender Lebenskraft, eines Zuviels an Subtilität mit einem Zuwenig an Vitalität» beschreibt. Der britische Politologe Colin Crouch macht sich Sorgen um den Zustand einer «Postdemokratie» (2004), die als Demokratie institutionell zwar noch funktioniere, die aber ihre Vitalität eingebüßt habe, «weil die Mehrheit der Bürger eine passive, ja apathische Rolle spiele».

Das bedeutet: Eltern müssen nicht nur eine Verantwortung gegenüber ihrem Kind wahrnehmen, sondern es auch zu einem tüchtigen Mitglied unserer Gesellschaft erziehen.

Solche und solche Eltern

Noch nie gab es in Deutschland so viele bewusst erziehende und kritisch reflektierende Eltern. Es gibt aber auch das Gegenteil. Es sind grundsätzlich zwei Typen zu unterscheiden, die Sorgen machen – nicht nur schulisch, sondern gesamtgesellschaftlich: Die *einen* sind die Null-Bock-Eltern, die sich überhaupt nicht um ihre Kinder kümmern. Sie lassen sie verwahrlosen, ihnen ist alles egal. Man kann sie etwa seitens der Schule fünfmal anschreiben, einbestellen – es passiert nichts. Diese Eltern machen mit Abstand am meisten Sorgen. Die *anderen*, um die es in diesem Buch geht, sind diejenigen, die sich um alles und noch mehr kümmern und die ihre Kinder damit schier erdrücken.

Es sei die Schätzung gewagt, dass – bei steigender Tendenz – beide Gruppen jeweils 10 bis 15 Prozent unserer Eltern ausmachen. Bei erheblichen regionalen Unterschieden zwischen dem flachen Land, sozialen Brennpunktvierteln und Wohlstandsgegenden.

Auf diese zwei mal 10 bzw. 15 Prozent der Eltern, also insgesamt 20 bis 30 Prozent, müssen die Schulen, die Kindergärten, die in der Jugendarbeit Tätigen 70 bis 80 Prozent ihrer Zeit und Energie aufwenden.

Im Umkehrschluss heißt das: Die meisten Eltern haben bodenständige Vorstellungen von Erziehung und Bildung. 70 bis 80 Prozent von ihnen handeln unkompliziert, kooperativ und verantwortungsbewusst. Eine pauschale Elternschelte ist demnach völlig unangebracht. Und es müssen ja nicht alle Eltern pädagogische Helden und Heilige sein. Lehrer sind es auch nicht alle. Es gibt also keinen generellen Erziehungsnotstand – weder im Elternhaus noch in der Schule. Millionen von Eltern erziehen engagiert und sinnvoll. Hunderttausende von Lehrern wissen um ihre vermehrten erzieherischen Aufgaben, und sie kommen diesen Aufgaben nach bestem Wissen und Gewissen nach. Und dennoch: Das Phänomen der Helikopter-Eltern wird immer bedeutsamer.

Waren es bislang die gegenüber Bildungsfragen sich weitgehend desinteressiert verhaltenden Eltern, die die Energie der Pädagogen beanspruchten, so gesellt sich neben diese Problemgruppe in wachsender Stärke eine Gruppe von Eltern, die das totale Gegenteil darstellt: eine Art hyperaktive Eltern. Früher, als es den Begriff «Helikopter-Eltern» noch nicht gab, waren es ein paar einzelne nicht nur überaus wohlwollende, sondern besonders wohlhabende Eltern. Bei den Helikopter-Eltern heute, die übrigens immer später Kinder bekommen, immer mehr Geld zur Verfügung haben, ist das PP-Syndrom, das Pascha- und Prinzessinnensyndrom, nun quer durch alle Schichten zu beobachten. Es drückt sich auch in den großen Zeitungsanzeigen aus, wenn dort zu lesen ist: «Suche Betreuerin für unseren kleinen Prinzen.» Früher hießen die Prinzen übrigens Muttersöhnchen. Die Bedeutung des einzelnen Kindes ist also gnadenlos übersteigert, was zu einem unangemessenen Anspruchsdenken auf beiden Seiten führt.

Der Anteil der maßlos überziehenden Eltern wächst. Eine Pädagogik der totalen Einmischung greift um sich, sie ist der Pendelausschlag von der No-Education-Bewegung der 1980er-Jahre ins krasse Gegenteil. Der Grund könnte darin liegen, dass die Versuchskaninchen pädagogischer Experimente der 1970er und 1980er Jahre heute selbst Eltern sind. Bei ihnen hat sich realisiert, was Spötter als Erziehung definieren, nämlich als das Bemühen, Kinder von der Nachahmung Erwachsener abzuhalten. Nur ist es nicht beim Nichtnachahmen geblieben, sondern alles ist ins Extrem umgeschlagen. Heute ist ein pädagogischer Totalitarismus angesagt. Der hat viele Gesichter. Und dies beileibe nicht nur in Deutschland, sondern auch in den USA, in Japan, in Südkorea, in so ziemlich allen EU-Ländern.

Aus dem Nähkästchen eines Lehrers

Anekdoten der nachfolgenden Art könnten so ziemlich alle Erwachsenen beitragen, die beruflich oder ehrenamtlich mit Kindern der Helikopter-Eltern zu tun haben: Busfahrer, Kassiererinnen, Erzieherinnen, Kinderärzte und Übungsleiter in Sportvereinen. Da kommt es vor, dass eine Mama – in den USA heißen solche Frauen aus gutem Grund Soccer-Moms – mit dem Fußballtrainer streitet, weil sie ihren Sohn für falsch aufgestellt hält, oder sich beklagt, dass man ihn gar nicht aufgestellt habe. Natürlich habe die Mannschaft deswegen verloren, so meint sie. Die Rechthaberei mancher Eltern geht, wie der *Spiegel* berichtet, so weit, dass die Eltern der jungen Spieler den Schiedsrichter oder die gegnerische Mannschaft attackierten oder verunglimpften, weil sie sich schlecht behandelt fühlten. Allein in Bayern soll dies im Jahr 2010 in 69 Fällen vorgekommen und dem bayerischen Fußballverband gemeldet worden sein.

Folgende Beispiele sind willkürlich aus dem kunterbunten, aber realen schulischen Alltag genommen, um zu dokumentieren, welche Blüten die Eingriffe der Helikopter-Eltern treiben:

- Da haben wir Eltern, bei denen es nichts gibt, woran sie sich nicht aufhalten könnten – über die Zahl der Englischvokabeln, über die Sitzordnung in der Klasse, über die unvermeidbare Zuteilung ihres Kindes zu einer bestimmten Klasse, über das Gewicht des Schulranzens, über das Fehlen eines Salatblatts auf dem in der Pause erworbenen Wurstbrötchen, über den fehlenden Wasserspender im Klassenzimmer.
- Da haben wir die Mütter, die sich absolut nicht vorstellen können, dass ihre Töchter im Französischen eine Fünf eingefahren haben, wo sie doch selbst fließend Französisch sprechen und die Töchter am Vorabend der Prüfung zu Hause alle Vokabeln wie aus der Pistole geschossen aufsagen konnten.
- Da haben wir den Vater, der es nicht akzeptieren will, dass sein verhaltensauffälliger Sohn binnen eines Quartals bereits sieben schriftliche Ermahnungen kassiert hat, und der auf drei Seiten ausführt, dass die Schule doch gefälligst kreative Menschen und keine Duckmäuser heranziehen solle.
- Da haben wir den Schüler, der sich mit der Bemerkung weigert, ein herumliegendes Papier aufzuheben: «Dafür sind die Putzfrauen da!» Als er von der Schulleitung zu einer Extrarunde Reinigungsdienst verpflichtet wird, droht der Vater mit Aufsichtsbeschwerde.

- Da haben wir die Mutter eines den Unterricht ständig heftig störenden Schülers, die sich der Kritik entzieht, indem sie dem Lehrer entgegenschleudert: «Sie wissen eben nicht, meinen Sohn richtig zu nehmen. Er verträgt keinen Druck, man muss ihn seinen eigenen Weg gehen lassen.»
- Da haben wir den 14-jährigen Schüler, der bereits am Schulvormittag in stark alkoholisiertem Zustand angetroffen wurde und dessen Vater die Sorge der Schule mit der Bemerkung zurückwies: «Mein Sohn kann Alkohol trinken, weil ich es ihm erlaubt habe.»
- Da haben wir die 12-jährige Göre, die sich vom Unterricht abmeldet und den Lehrern einen Brief der Mutter unter die Nase hält: «Ich hab ein Casting!»
- Da haben wir die Eltern, die auf die 265 Jahreswochenstunden, die ein Schüler in den Jahrgangsstufen 5 bis 12 bzw. 13 nachweisen muss, damit sein Abiturzeugnis in Deutschland anerkannt wird, zwei oder noch mehr Stunden privates Golftraining angerechnet haben möchten.
- Da haben wir die Mutter, die sich beim Elternabend darüber beschwert, dass die Kinder der ersten Klasse bereits bis 20 rechnen können sollten.
- Da haben wir den Vater, der – aggressiv polternd – telefonisch, brieflich und persönlich vom Schulleiter erklärt haben möchte, warum sich sein Sohn als Torwart beim Parieren eines Torschusses in der Sportstunde die Speiche gebrochen hat und warum der Sportlehrer dies nicht zu verhindern wusste, und der sich natürlich rechtliche Schritte vorbehält.
- Sodann haben wir immer häufiger Eltern, die ihrem Kind ohne genauere Kenntnis der Umstände in einer Klasse die Diagnose «Mobbingopfer» ausstellen, um Schulunlust, schlechte Noten

oder eigenwilliges Verhalten ihres Kindes zu rechtfertigen. Hier sei die These gewagt, dass «Mobbing» zu einer elterlichen Trenddiagnose geworden ist, die in bald fünfzig Prozent der Fälle gar keine Grundlage hat.

- Und nicht zuletzt haben wir so manche übersensiblen, aber trickreichen Eltern, die ständig auf der Jagd nach Gutachten sind, in denen ihrem Kind ADS, ADHS, Legasthenie, Dyskalkulie oder unentdeckte Hochbegabung attestiert wird.

Gewiss gibt es Ungerechtigkeiten, Einschränkungen und Belastungen. Die davon betroffenen Kinder sind sehr zu bedauern, und sie brauchen Hilfe und Beistand. Aber nicht in jedem Fall sind die Diagnosen der soeben genannten Kritisierenden nachvollziehbar. Oft geht es nur darum, sich als Eltern und das Kind mit einer entsprechenden, scheinbar logischen Begründung zu entlasten. Wer solche Diagnosen bekommen oder selbst ausgestellt hat, der empfindet sich seiner eigenen Verantwortung enthoben. Und natürlich ist es einfacher, den Kindern Medikamente zu verabreichen oder sie in «Profiprogramme» zu bringen, als das eigene erzieherische Verhalten zu hinterfragen und mühsam zu verändern.

Übrigens: Von Münchener Oberstufenschülern kann man lesen, dass sie zum Zweck des Schulbesuchs nach Berlin zogen – warum wohl nach Berlin? –, dort eine Wohngemeinschaft gründeten und im wochenweisen Wechsel von einer der Mütter betreut wurden.

Ein besonderes Kapitel sind die Tricksereien mancher Eltern um die Schulferien herum. Es ist schließlich bekannt, dass All-inclusive-Urlaube dann am teuersten sind, wenn die Ferien beginnen oder enden. Nichts ist leichter, als diese Praxis der Reiseveranstalter auszutricksen: Man beendet das Schuljahr seiner Kinder eben ein paar Tage früher oder bestimmt selbstherrlich, mit dem Schuljahr ein paar Tage später zu starten. Die Rechtfertigung für dieses Handeln ist eindeutig: An solchen Tagen passiere in der Schule ja ohnehin nichts, sagt man sich. Es mag ja sein, dass die letzten und die ersten Schultage vor und nach den Sommerferien nicht unbedingt hochkonzentrierter Unterricht stattfindet. Jedoch ist in diesen Tagen eine Menge zu regeln: Einige tausend Bücher sind einzusammeln, die Sportfeste und die Wandertage stehen an, die Schulfeste wollen – unter Mithilfe der Schüler – geplant und ausgestaltet werden und vieles mehr. Trotzdem: Auf die paar Schüler, die da fehlen, komme es nicht an, bilden sich manche Eltern ein und buchen eben für Tage innerhalb der Schulzeit – um einige hundert Euro oder gar einen Tausender günstiger. So weit, so schlecht. Aber es handelt sich nun mal um eine Ordnungswidrigkeit. Allein am Nürnberger Flughafen wurden in den Sommerferien 2007 etwa hundert Familien erwischt, die sich zu früh auf den Weg machten. Es sollen sogar Lehrer und deren Kinder darunter gewesen sein.

Bild am Sonntag startete dazu am 27. Juli 2008 über Emnid eine Umfrage mit der Fragestellung: Sollen Eltern bestraft werden, wenn sie vor Ferienbeginn ihre Kinder nicht zur Schule schicken, um vorzeitig in den Urlaub fahren zu können? Mit Ja antworteten 41 Prozent, mit Nein 58 Prozent. Pikant war, dass der Regelverstoß von Leuten mit höherem Bildungsabschluss stärker bagatellisiert wurde als von Leuten ohne Berufsabschluss: Letztere waren mit einem Anteil von 66 Prozent für eine Bestrafung, unter Leuten mit Abitur und / oder Hochschulabschluss war es genau umgekehrt: 64 Prozent wollten keine Bestrafung. Die Bereitschaft zum Regelverstoß scheint hier also mit formal höherem Bildungsgrad zu steigen.

Besonders machtvoll werden Helikopter-Eltern, wenn sie sich zusammentun. Dann werden Elternabende zu Lobbyistenabenden, zu parlamentarischen Untersuchungsausschüssen, ja zu Inquisitionsveranstaltungen. Das bislang individuelle Prinzensyndrom wird dann zum kollektiven. Charakteristisch sind Fragen wie: Warum gibt es in der Pause nichts zu kaufen, was vegan ist? Warum haben Sie keinen bilingualen Unterricht? Warum praktizieren Sie keine modernen Unterrichtsformen wie Materialtheke oder Wochenplanarbeit? Warum haben Sie nicht in allen Klassenzimmern Whiteboards? Man müsste die Kinder dann nicht mehr dem gefährlichen Kreidestaub aussetzen und würde noch eine Menge Geld einsparen, weil man dann in den Unterrichtsräumen keine Waschbecken für den Tafelschwamm mehr bräuchte. Warum haben Sie noch keine Schuluniformen eingeführt, das würde die sozialen Unterschiede ausgleichen und vor dem Markenwahn schützen? Warum geben Sie nicht mehr Einsen und Zweien, um die Kinder zu motivieren? Muss der Schulranzen voller Bücher denn immer so schwer sein, kann man denn keine Schließfächer für jedes Kind anschaffen, damit die Kinder nicht so viele Bücher und Hefte nach Hause und wieder zurück in die Schule schleppen müssen?

Natürlich gibt es unter den Mitgliedern von Elternbeiräten in der großen Mehrzahl die konstruktiven, die vernünftigen, die sich fürs sinnvolle Ganze engagieren. Ihnen geht es um das Wohl aller, sie haben sich nicht deshalb wählen lassen, weil sie Herrschaftswissen erringen und ihrem eigenen Kind einen Vorteil verschaffen wollen. Es gibt aber auch den Typ «Elternfunktionär», der mal als Notenallergiker, mal als polternder Aufsichtsrat, mal als notorischer Besserwisser auftritt. Übrigens: In Frankreich ist das anders. Dort endet der Einfluss der Eltern vor dem Schultor.

Ihre Einmischung in schulische Belange wird nicht gern gesehen und zumeist auch unterlassen. In Frankreich genießen Schule und Lehrerschaft offenbar eine andere Autorität als in einem Land wie Deutschland, das bis hinauf in die vordersten Ränge von Politikern allzu gern über Schule und Lehrer herzieht.

Finden die Eltern dann noch überörtlich auf der Ebene von Vereins- oder Verbandszusammenschlüssen Gehör, tönt es durch das Land: «Die Lehrpläne müssen entrümpelt werden!» – «Warum heute noch ‹Faust› und Shakespeare?» – «Unsere Kinder sind einem unmenschlichen Stress ausgesetzt.»

Gelegentlich ist man versucht zu fragen, warum die rund 60 Millionen erwachsenen Deutschen keine 60 Millionen Psychopathen und Neurotiker sind. Schließlich hatten sie jahrzehntelang keine Rundumbetütelung, kein Helicopter-Parenting und in den seltensten Fällen Mütter und Väter, die bereits wegen Kleinigkeiten als Strafverteidiger und Staatsanwälte in Personalunion in die Schulen stürmten.

Was kommt bei all dem Kümmern und Regeln heraus? Am Ende führt das bei Kindern zu einer Überempfindlichkeit, einer Neurasthenie, wie sie früher hieß und wie sie schon in Hans-Christian Andersens «Prinzessin auf der Erbse» aus dem Jahr 1837 zu finden ist. Die spürte durch zwanzig Matratzen und zwanzig Daunendecken hindurch eine Erbse: «Ich habe auf etwas Hartem gelegen, sodass ich am ganzen Körper ganz braun und blau bin.» Daran, so Andersen weiter, habe man sehen können, dass sie eine wirkliche Prinzessin gewesen sei, denn: «So feinfühlig konnte niemand sein außer einer echten Prinzessin.» Horst Hensel (2002) prägte darum den Begriff «Aristokratisierung kindlichen Verhaltens» und trifft genau die aktuelle Entwicklung.

Förderwahn ohne Maß und Ziel

Noch nie ist so viel erzogen worden wie heute. Vermutlich hat die Vorstellung der schier generalstabsmäßig durchgeplanten Erziehung und Förderung von Kindern ihre Wurzeln in den USA. Und von daher haben die im Buch zitierten amerikanischen Beispiele ihre Berechtigung.

Hier kamen zwei Entwicklungen zusammen: der zunächst die gesamte Psychologie und Pädagogik dominierende Behaviorismus mit seiner Ideologie des «Alles ist machbar» und sodann der Sputnikschock von 1957. Mit dem Vor-Augen-Führen der technischen Überlegenheit der Sowjetunion ging eine fieberhafte Suche nach exzellenten Köpfen los, mit denen man den Rückstand wieder aufholen wollte. Das 1977 erschienene Buch «Kindergarten Is Too Late» war eines von vielen Ergebnissen dieses Bestrebens. «Warten Sie bloß nicht bis zum Kindergarten», lautete die Losung, und sie suggerierte schon damals die heute angeblich sogar hirnbiologisch unterfütterte Vorstellung, dass jede Förderung, die erst mit dem Kindergarten einsetze, zu spät komme.

Ein Land voller «Hochbegabter»

Heute geht der Förderrummel der Helikopter-Eltern nicht selten einher mit verklärten Visionen von einem perfekten, tollen, maßgeschneiderten Designer- und Premiumkind vom Reißbrett. Daneben weckt die Medizin mit jedem Fortschritt in der Pränatalmedizin und in der Pädiatrie die Erwartung, dass Eltern ein Kind ohne jeden «Makel» bekommen können. Nach der Geburt setzt eine Kindererziehung wie im Treib- und Gewächshaus ein. Es dürfte nicht mehr lange dauern, und die milliardenschwere «Exzellenzinitiative» deutscher Bildungspolitik zugunsten einiger Spitzenuniversitäten wird sich auf Kindergärten mit Exzellenz-Pädagogik ausweiten.

Etliche Eltern haben sich einem eigenwilligen Umkehrschluss verschrieben: Wenn Eltern schon Verursacher von Entwicklungsdefiziten ihrer Kinder sein können, dann muss man doch wohl qua Erziehung in der Lage sein, ein perfektes Kind zu produzieren. Dabei wäre das Beste für das Kind oft leichter und einfacher erreichbar, wenn man eben nicht immer das Beste zu inszenieren versuchte. Von pädagogischer Intensivstation zu pädagogischer Intensivstation – das geht nicht gut. Am Ende setzt oft ein pädagogischer Jojo-Effekt ein, nämlich dann, wenn die Kinder nach einer Fördermaßnahme dümmer oder antriebsloser dastehen als vorher.

Ob Eltern dabei immer daran denken, was ihnen eigentlich das Bürgerliche Gesetzbuch mit seinem Paragraphen 1626 vorgibt, darf bezweifelt werden. Dort heißt es nämlich: «Bei der Pflege und Erziehung berücksichtigen die Eltern die wachsende Fähigkeit und das wachsende Bedürfnis des Kindes zu selbstständigem verantwortungsbewusstem Handeln.»

Früh übt sich: Babytuning

Bei steigender Nachfrage nach Literatur und länger werdenden Wartelisten bei den Coaches werden oft schon lange vor der Einschulung wahre elterliche Förderorgien inszeniert. Das kommerzielle Angebot passt sich dem an, bzw. es schafft die entsprechende Nachfrage nach allem, was nach «Babytuning» und «Baby-Boosting» aussieht. Und so prasseln auf verunsicherte und überehrgeizige Eltern Ratschläge in einer Art und Weise herunter, wie dies bei Arzneimittelempfehlungen nie und nimmer zulässig wäre.

Beispiele: Luxus- und Little-Giants-Kindergärten als pädagogische Hochsicherheitstrakte in den gentrifizierten Wohnvierteln der Latte-macchiato-Edeleltern, selbstverständlich mit integrierten Science-Labs. Sodann die Kumon-Institute, davon gibt es allein in Deutschland 180. Dort können Kindergartenkinder Japanisch lernen, Geigenunterricht nach der Suzuki-Methode bekommen, und es gibt Babytuning für die VIBs, die Very Important Babies, einen Baby-Signal-Gebärden-Kurs, einen Babymassagekurs, Babyschwimmen, Kinderyoga, CreativeKidsClubs, Englisch für Einjährige im Buggy, Early Learning Centers für 1000 Euro pro Monat, Helen-Doron-«Baby's Best Start»-Lektionen sowie ein Sprachcenter für Kinder zwischen drei Monaten und 14 Jahren. Das sind nur einige von vielen absurd anmutenden Möglichkeiten, die allein in ihrer Aufzählung für sich sprechen.

Es erscheint einem wirklich wie Science-Fiction, was dort geboten wird: Mathematik für Zweijährige, Ökonomie für Vierjährige, Curricula, in denen Mathematik, Literatur, Biologie, Kommunikation, Astronomie und «Ziele und Lebensstrategien» vermittelt werden, angeblich bunt und kindgerecht aufbereitet mittels Smartboards und interaktiven Tafeln, seitenlang könnte man die Liste noch ergänzen.

Eine Kita in Hamburg namens «Bengel & Engel» wirbt um Eltern mit dem Satz: «Wir sehen Ihr Kind als kleinen Rohdiamanten, dem man sich behutsam und umsichtig nähern muss, um ihn zum Strahlen zu bringen.» Der Münchner Fünf-Sterne-Kindergarten «Elly & Stoffl» bietet samt professoralem Grußwort auf der Website Projekte an wie «Haus der kleinen Forscher», «Die Alphas» und mehr. Das 1997 gegründete Unternehmen «Happy Young Learning» wirbt um Kinder zwischen zwei und zehn Jahren damit, dass es «multisensorisch, spannend und unvergesslich» fördere. Erstaunlich, aber wahr: Lizenznehmer werden mit Renditen von über 30 Prozent gelockt. Das scheint also ein erfolgreiches Geschäftsmodell zu sein.

Fast schon sektiererisch mutet an, was das 1998 gegründete und erstmals 2007 in Deutschland niedergelassene Franchiseunternehmen «FasTracKids – Education for tomorrow's leaders» anbietet. Weltweit wird hier nach demselben Programm gearbeitet, denn die Kids sollen ja problemlos von Berlin nach Tokio umziehen können. Die Versprechungen sind groß: Kinder der «FasTracKids»-Kindergärten seien Gleichaltrigen auf der «Überholspur» angeblich ein bis zwei Jahre voraus. Das Unternehmen reklamiert für sich, die Anwendung der neuesten Erkenntnisse der Gehirnforschung umzusetzen. Es firmiert als «FasTrack Signing» – Babyzeichensprache für Babys ab sechs Monaten, als «FasTrack Music» – musikalische Früherziehung für Zwei- bis Vierjährige und für Vier- bis Sechsjährige und als «FasTrack Camps» sowie Feriencamps für Vier- bis Zehnjährige. Zwei- bis Dreijährige heißen «Tots» (kurz für: toddler, auf Deutsch: Kleinkind), Vier- bis Sechsjährige «Kids», Sieben- bis Neunjährige bereits «Seniors».

«Helfen Sie Ihrem Kind, die lebenslange Liebe am Lernen zu entdecken.» FasTracKids, so die Propaganda, hätten ihren Wortschatz und ihre sozialen Kompetenzen gegenüber anderen Vorschulkindern mit diesem Programm um 100 bis 150 Prozent schneller erworben, und das angeblich bereits mit einem zweistündigen Programm pro Woche.

FasTracKids International berichtet, dass 76 Prozent der Eltern sehr zufrieden sind mit den Erfahrungen ihrer Kinder bei FasTracKids. Bis zu 200 Euro zahlen die Eltern pro Monat dafür. Dass es die Protagonisten von FasTracKids mit der Seriosität bei der Werbung nicht immer so ganz genau nehmen, zeigt das Beispiel einer FasTracKids-Agentin, die sich, ohne diesen Hintergrund kundzutun, durch mehrere Talkshows hat reichen lassen. Kinder und «Lehrer» tragen bei FasTracKids übrigens ein dunkelblaues T-Shirt mit Firmenaufdruck. Neben Mathematik, Astronomie, Theater und Kunst stehen bei FasTracKids für Drei- bis Sechsjährige sogar Rhetorik, Ökonomie und Lebensstrategien auf dem Programm sowie jede Woche zwei Stunden in Technologie. Dazwischen gibt es Pausen mit Hüpfphasen, weil dadurch angeblich beide Gehirnhälften beansprucht werden.

Damit ist es aber nicht genug: Über 5000 Buchtitel zum Thema «Baby» findet man bei Amazon – darunter DVD-Programme des Disney-Konzerns für Kinder von drei Monaten bis drei Jahren mit so bezeichnenden Namen wie «Baby Einstein» oder «Baby Bach». Eltern können gar nicht so viele Kinder bekommen, um auch nur einen Bruchteil dieser Angebote zu nutzen.

Turbokinder, durch Terminkalender gehetzt wie Manager? Stopfgänse, durch pädagogische Mastpläne hindurchgereicht?

Sieht so unsere Realität aus? «Das Gras wächst nicht schneller, wenn man daran zieht», besagt ein bekanntes afrikanisches Sprichwort. Und das stimmt hier aus vielerlei Gründen.

Ein anderes Beispiel: Es ist ja nichts dagegen einzuwenden, dass im Kindergarten auf Englisch gesungen wird, ehe gar nicht gesungen wird. Allerdings zeigt sich mehr und mehr, dass Kinder, die Frühförderung in Englisch hinter sich haben, in der Schule den gewonnenen Vorsprung an Sprachkenntnissen sehr rasch verlieren. Das frühkindliche Sprachbad, durch immersiven Unterricht, bringt nichts, weil es eine künstliche Sprachsituation darstellt, die keineswegs vergleichbar ist mit der natürlichen Situation, in der Kinder bilingual aufwachsen, und die in nichts mit dem didaktisch sinnvoll strukturierten, systematischen Erlernen einer Fremdsprache zu tun hat.

In den 1960er-Jahren hatte der Münchner Psychologieprofessor Heinz-Rolf Lückert propagiert: Bereits Zweijährige seien imstande und willens, lesen zu lernen. Ohne das Angebot von Lektüre würden Kinder sonst kulturell vernachlässigt. Ein anderer Psychologieprofessor assistierte ihm: Lesen sollte bereits im Kindergarten erlernt werden, dafür in der Schule Zeit zu verschwenden sei zu schade. Auch dieser pädagogische Feldzug wurde aus den USA nach Deutschland importiert. Als Kronzeuge für die Richtigkeit der These galt der Hirnchirurg Glenn Doman mit seinem Buch «How to Teach Your Baby to Read». Doman hatte sich sogar für einen Lesebeginn mit zehn Monaten ausgesprochen. Aber: Die damit verbundenen Hoffnungen auf eine deutlich verbesserte Intelligenzentwicklung haben sich nicht erfüllt. Wenn dem so wäre, dass das Lesen ausschließlich in dieser Entwicklungsstufe erlernt werden könnte, dann wären alle Alphabetisierungsmaßnahmen für Erwachsene für die Katz.

Dabei wusste man in Deutschland schon sehr früh Bescheid «Über das schädliche Frühwissen und Vielwissen der Kinder». Der Pädagoge und Verleger Joachim Heinrich Campe verfasste unter diesem Titel bereits 1778 eine Abhandlung, in der er gegen die Treibhausproduktion, frühe Vielwisserei sowie gegen die Aufzucht von klugschnackenden Kindern, mit denen sich Lehrer und Eltern nur brüsten wollen, wettert. Apropos «Treibhaus»: Im Jahr 2004 wurde auf Initiative des Bundesbildungsministeriums eine DVD-Dokumentation über Schulen aufgelegt. Bezeichnend ist der Titel dieser Dokumentation: «Treibhäuser der Zukunft – Wie in Deutschland Schulen gelingen». Offenbar hat sich niemand an der Semantik des Titels gestört: Ein Treibhaus ist nämlich ein Gewächshaus, das in einer künstlichen, erwärmten oder heruntergekühlten Atmosphäre die – beschleunigte – Produktion oder Züchtung von Pflanzen erlaubt. Also ein Turbolader pur.

Weniger spektakulär, aber alltäglich, findet der Förderwahn via Nachhilfe statt. Man muss gewiss nicht auf Alarmismus machen und wissen, dass man die Summe, die jährlich angeblich in Deutschland dafür ausgegeben wird, durch 11,5 Millionen Schüler dividieren muss und dass dann pro Durchschnittsschüler und Schulwoche drei Euro herauskommen. Aber wenn für Nachhilfe deutschlandweit pro Jahr rund 1,5 Milliarden Euro für 300 kommerzielle Nachhilfeschulen mit insgesamt 3000 Filialen ausgegeben werden, ist das schon eine Summe, die in den meisten Fällen in den Wind geschossen ist, wenn Eltern damit Verantwortung delegieren, statt selbst für effektives häusliches, eigenverantwortliches Lernen zu sorgen, und wenn der Ehrgeiz mancher Eltern größer ist als das Leistungsvermögen und die Leistungsbereitschaft der Kinder. Es wird somit viel Geld aus dem Fenster geworfen. Damit erkaufen sich so manche Eltern ein gutes Gewissen. Ähnliches gilt für die mehr als 3200 Angebote an Lernsoftware. Die «Beratungsstelle für Neue Technologien» in Soest hat gerade einmal 3 Prozent davon, also rund 100 verschiedene, als brauchbar eingestuft.

Portfolios und Potenzialanalysen für Dreijährige gefällig? Ein Unternehmen in Zürich namens «design your life» bietet sie an. Für Vorschulkinder kostet eine «Premium-Potenzialanalyse» 2750 Schweizer Franken (ca. 2230 Euro). Offeriert wird Folgendes: «Der Entwicklungsstand Ihres Kindes wird umfassend abgeklärt – das kognitive und kreative Potenzial, das Aufmerksamkeits- und Lernverhalten sowie die sozial-emotionale Situation. Sie erhalten ein aktuelles Fähigkeitsprofil (IQ) mit einer Analyse der aktuellen Stärken und Schwierigkeiten. In einem einstündigen Beratungsgespräch gehen wir auf Ihre Anliegen und Fragen ein. Dazu erhalten Sie einen ausführlichen schriftlichen Bericht mit allfälliger Recherche und Hinweisen auf weitere Informationen und Kontaktadressen gemäß Ihren Bedürfnissen ...»

In Nordrhein-Westfalen gibt es das sozusagen gratis, nämlich als lückenlose Bildungsdokumentation in den Kitas. Für Hamburg liegen mit KEKS («Kompetenz-Erfassung in Kita und Schule») amtlicherseits Einschätzungsbögen für Vier-, Fünf- und Sechsjährige in Kitas sowie in Vorschul- bzw. Eingangsklassen vor. Zugrunde gelegt werden vier Kompetenzbereiche: Selbstkonzept und Motivation (inklusive: «Ich-Kompetenzen»), soziale und lernmethodische Fähigkeiten und Sachkompetenzen. Die entsprechende Checkliste wurde erarbeitet vom Institut für Bildungsmonitoring und Qualitätsentwicklung, IfBQ, sie ist ganze zehn Seiten lang. Jede der Kompetenzen und Unterkompetenzen soll je nach Ausprägung auf einer fünfstufigen Skala angekreuzt werden. Wer ein Portfolio nicht «amtlich», sondern ganz individuell selbst zu Hause anlegen möchte, für den gibt es seit 2008 als persönliches, 52 Seiten starkes Lerntagebuch «Das Portfolio im Kindergarten».

Und noch ein Beispiel zum Wundern: Viele Eltern hoffen auf einen Mozart-Effekt – nicht ganz frei von der Vorstellung, dass Musik ein Merkmal der sozialen Distinktion nach unten ist, also zur Abgrenzung zur unteren Mittelschicht und noch weiter entfernten Schichten. Dabei orientiert man sich daran, dass Mozart schon mit vier Jahren musikalisch unterrichtet wurde. So als würde man dieses Genie noch übertreffen wollen, ist – qua Beschallung – klassische Musik bereits im Mutterleib angesagt.

Aber selbst musikalische Frühförderung hat in ihren Effekten sehr enge Grenzen. Das Bundesministerium für Bildung und Forschung hat dazu im Jahr 2007 einen aufschlussreichen Bericht herausgegeben. Titel: «Macht Mozart schlau? Die Förderung kognitiver Kompetenzen durch Musik». Diese Expertise widerlegt die Vision vom Musikunterricht als Förderbreitbandtherapeutikum. Es ist eben nicht so, dass der Musikunterricht außermusikalische, beispielsweise sprachliche oder mathematische Fertigkeiten mitfördert.

Der sogenannte Mozart-Effekt wird als Illusion beschrieben, der Glaube also, mit pränatalem Hören klassischer Musik werde die Intelligenz gesteigert, für null und nichtig erklärt. Falls es überhaupt einen Zusammenhang zwischen musikalischer Aktivität und intellektueller Entwicklung gebe, so sei dieser Zusammenhang damit zu erklären, dass intelligente Menschen von Haus aus häufiger Musik machen als andere.

Wörtlich heißt es in dem Bericht: «Ein Erwachsener, der in der Kindheit sechs Jahre lang Musikunterricht hatte, wird also im Durchschnitt einen um zwei Punkte höheren IQ haben, als wenn

31

er keinen Musikunterricht gehabt hätte. Seriöse Musiklehrer raten deshalb davon ab, Instrumentalunterricht bereits mit vier Jahren zu beginnen. Sie sprechen sich eher für ein Einstiegsalter von sieben bis acht Jahren aus. Unsinnig ist auch die Argumentation, bei Profimusikern hätten sich positive Veränderungen in der Gehirnstruktur ergeben und deshalb sei es wichtig, Kinder sehr früh zum Musizieren zu bringen. Dabei wird übersehen, dass diese Veränderungen bei Profimusikern das Ergebnis von jahrzehntelangem, täglichem, mehrstündigem Üben sind. Durchaus positive Effekte hat das Musizieren allerdings auf die soziale und emotionale Entwicklung, indem es Gemeinschaft zwischen den Kindern stiftet.»

Vor lauter Auslagerung der Erziehung – oder neuhochdeutsch: Outsourcing – wird der Aufenthalt zu Hause zum bloßen Boxenstop, und nur nebenbei ist der Förderling noch Kind. Manchen Kleinen wird ein Zeitplan übergestülpt, der so manchen Manager an den Rand des Zusammenbruchs brächte. Unsere Gesellschaft erzählt sich tausendundein Fördermärchen. Wer sich noch mehr Förderung leisten kann, stellt ein zweisprachiges Kindermädchen an. Aber auch sonst ist nichts billig, was an Förderung vielversprechend zu sein scheint. Deshalb machen Mütter auch schon mal Zusatzjobs, um den Kindern einen bestimmten Kurs oder ein Förderprogramm finanzieren zu können. Und das Ergebnis? Früher brachte die Vierjährige stolz und strahlend eine Bastelei aus buntem Karton nach Hause, heute singt sie zu Mamas Geburtstag statt «Zum Geburtstag viel Glück» «Happy Birthday». Was für ein Fortschritt!

All dies ist Ausdruck eines übersteigerten, ja als narzisstisch zu bezeichnenden Perfektionismus, der gekennzeichnet ist durch Zwanghaftigkeit, latente Selbstzweifel, Dünnhäutigkeit der Eltern gegenüber kleinsten Versäumnissen. Vor allem aber durch überhöhte Erwartungen. Bloß kein Zeitfenster, kein «Window of Opportunity», versäumen, in dem Kinder geprägt werden könnten oder eben irreversibel nichts lernen, heißt die Devise, die angeblich aus der modernsten Hirnforschung stammt. Darauf werde ich noch näher eingehen (vgl. «Fragwürdiges aus der Hirnforschung»).

Dabei müsste man manchen Eltern erst einmal sagen, dass sie kleine Kinder und keine kleinen Akademiker im Haus haben. Der Hinweis, es sei ja alles recht und billig, aber es schade wenigstens nicht, ist sehr naiv. Ein Förderzirkus schadet sehr wohl, denn Kindern wird durch eine Rundumverplanung und die Sprunghaftigkeit Konzentration geraubt. Gar nicht so selten landen Kinder, die Förderstress ausgesetzt werden, unter den an Zahl größer werdenden Patienten mit Kopfschmerzen und Stresssymptomen.

Da kann man nur hoffen, dass eine neue Welle an Brutalförderung nicht nach Deutschland herüberschwappt – die Dressur durch eine Tigermutter. Einen Bestsellerstatus hat das Buch «Die Mutter des Erfolgs: Wie ich meinen Kindern das Siegen beibrachte» («Battle Hymn Of The Tiger Mother») freilich schon erreicht. Die chinesisch-amerikanische Yale-Professorin Amy Chua setzt bei der Erziehung ihrer Töchter auf Zwang und Drill. Sie droht mal mit dem Verbrennen von Stofftieren, mal mit einer Tracht Prügel, mal mit dem Entzug des Abendessens und/oder mit Schlafentzug, um ihre Ziele durchzusetzen. Zu diesen Zielen gehören, dass die stets korrekt gekleideten Kinder bereits im Vorschulalter Geige spielen und eine zweite oder dritte Fremdsprache fließend sprechen. Nicht ganz umsonst wird sie deshalb von Kritikern als «Monster Mom» bezeichnet.

In ihrem Heimatland ist die Yale-Professorin mit ihrem Drillprogramm auf große Resonanz gestoßen. Eine Rolle spielt dabei wohl die Tatsache, dass China in den USA zur wirtschaftlichen Bedrohung hochstilisiert wurde und wird. Amy Chua hat dies zusätzlich mit der Aussage befördert, dass westliche Kinder trotz der in China praktizierten Dressurpädagogik nicht glücklicher als chinesische Kinder seien.

Im Vergleich dazu ist der rund hundert Punkte umfassende Katalog «Weltwissen der Siebenjährigen – Wie Kinder die Welt entdecken können» von Donata Elschenbroich ein Spaziergang für Kinder und Eltern. Dieses «Weltwissen» mag eine gutgemeinte und interessante Zusammenstellung sein, die geeignet ist, über den Horizont von Kindern zwischen Geburt und dem siebten Geburtstag zu reflektieren. Trotzdem wurde und wird das Kompendium von manch ehrgeizigen Eltern Punkt für Punkt durchgeackert – bis hin zu so reichlich verschulten Vorschlägen wie: eine fremde Sprache identifizieren, ein Lied in einer fremden Sprache singen, Flüche kennen – in zwei Sprachen –, ein chinesisches Zeichen schreiben, zwei Sternenbilder kennen.

Wie zu erwarten, hat Elschenbroich mit ihrem Bestseller Nachahmer auf den Plan gerufen. Denn es folgten auf dem Buchmarkt Titel wie «88 Dinge, die Sie mit Ihrem Kind gemacht haben sollten, bevor es auszieht» (2011): zum Beispiel ein zweitausendteiliges Legoboot bauen, eine Geheimsprache erfinden, einen Berg besteigen – «auch wenn Ihr Kind Sie danach eine Woche hasst».

Dann gibt es noch Titel wie «100 Dinge, die ein Vorschulkind können sollte» (2010), um es fit zu machen für den optimalen Schulstart, oder solche wie «99 Dinge, die Sie unbedingt mal mit Ihren Kindern tun sollten», zum Beispiel einen Matschtag einlegen oder eine Teddybärjagd im Dunkeln veranstalten.

Solche Listen können bei vernünftiger Anwendung Anregungen darstellen, oft aber sind sie pädagogische Placebos ohne jede Wirkung. Damit sind sie zwar wenigstens nicht schädlich, problematisch an ihnen aber ist, dass Eltern oder professionelle Erzieher solche Listen als Kanon, als Richtschnur, oder gar als Checkliste ansehen, die mit Kindern im Vorschulalter als erfüllt abzuhaken ist.

Das ultimative Motiv, Kinder besonders fördern zu wollen, entspringt der Einbildung, ein hochbegabtes Kind zu haben. Normal zu sein ist out. Schließlich ist der Begriff der Exzellenz in der Pädagogik schon lange angekommen, auch wenn man annehmen könnte, ein Kind habe ein Recht auf Nichtexzellenz und Normalität. Weit gefehlt. Wieder müssen bereits Dreijährige dran glauben. Unglaublich, aber wahr: Anfang 2013 wurde in Großbritannien ein Mädchen in den Hochbegabtenclub «Mensa» aufgenommen, weil es angeblich einen IQ von 162 habe und dieser IQ über dem IQ von Albert Einstein (160) und Sigmund Freud (158) liege. Es wurde aber nicht mitgeteilt, wie man bei diesen beiden Herren, die das Zeitliche bereits vor fünf bzw. sieben Jahrzehnten segneten, den IQ eigentlich gemessen hatte.

Gern wird auch in der Literatur den Eltern suggeriert, dass jedes Kind, auch ein Kind mit Lern- und Leistungsstörungen, ein talentiertes Kind sei. Gerald Hüthers 2011 erschienener Titel «Jedes Kind ist hochbegabt» gehört dazu. Aber vielleicht ist die Sache viel einfacher: Womöglich gibt es deshalb immer mehr Eltern, die an eine Hochbegabung ihres Kindes denken, weil die Schulen in inflationärer Weise Bestnoten vergeben.

Jeder Mensch will etwas Besonderes sein, verständlicherweise. So wollen sich Eltern abheben und damit auch ihre Kinder. Was als Hyperindividualisierung daherkommt, ist im Grunde jedoch Uniformierung und Konformismus. Man wird sich immer ähnlicher im manischen Willen, sich von anderen zu unterscheiden. Das Ergebnis könnte ein Mensch von der Stange sein: junger Mann, 23 Jahre alt, mit Masterabschluss, mindestens vier Jahren Auslandserfahrung, vier Sprachen fließend sprechend.

Kaum kann ein Fünfjähriger bis zwanzig zählen oder mehr als seinen Namen schreiben, blinkt ein rotes Licht auf, und Eltern fahnden mittels Checklisten mikroskopisch nach Belegen, um herauszufinden, ob ihr Kind hochbegabt ist. Zum Beispiel findet man auf solchen Listen dann den Hinweis, dass Hochbegabte weniger Schlaf brauchten oder dass es schulisch gescheiterte Hochbegabte gebe. Das ist für viele schon Beweis genug. Andere Eltern interpretieren auffälliges Verhalten bis hin zum Fehlverhalten – pädagogisch korrekt heißt das «verhaltensoriginell» – als Hochbegabtensymptom.

Ein Wunderkind mit herausragenden Fähigkeiten und Fertigkeiten, zum Beispiel in der Musik oder beim Schachspiel, soll mein Kind sein. Aber: Wunderkinder bringen es später oft nicht sehr weit. Sie sind vom ersten Ruhm oft so satt, dass sie den steinigen Weg, ihr Talent weiterzuentwickeln, offensichtlich nicht mehr beschreiten wollen. Selten wird aus ihnen ein Star in Wissenschaft, Kunst, Musik oder Sport. Und dass das Wunderkind – nach esoterischer Lesart – ein Indigo-Kind besonderer spiritueller Eigenschaften, besonderer «indigoblauer» Aura, mit Mega-IQ sowie höchster Hypersensibilität und Androgynität werde, mag man ihm schon gar nicht wünschen.

Jedenfalls neigt der Mensch dazu, sich und stellvertretend seine Kinder zu überschätzen. Auch und gerade in akademisch höchsten Kreisen ist das Alltag. Die Zeitschrift *Gehirn & Geist* berichtete 2012 von einer Untersuchung der Professoren Albert Newen aus Bochum und Gottfried Vosgerau aus Düsseldorf. Danach glauben 94 Prozent der Collegeprofessoren, dass sie ihre Arbeit besser machen als die Kollegen. Zudem nehmen 25 Prozent der Studenten an, zum leistungsfähigsten vordersten Prozent der Studenten zu gehören. Würde man dieselbe Studie unter Schülern, Eltern und Lehrern machen, kämen vermutlich ähnliche Ergebnisse heraus. Und das sollte jedem zu denken geben, der sich oder sein Kind für etwas Besonderes oder gar Außergewöhnliches hält.

Fragwürdiges aus der Hirnforschung

Hirnforschung ist in. Es hat sie zwar schon seit Jahrhunderten gegeben, und der Begriff «Neuroscience» war bereits 1962 von dem US-Biologen Francis O. Schmitt eingeführt worden, aber so richtig in Schwung gekommen ist diese Wissenschaft zuletzt durch US-Präsident George Bush senior. Dieser hatte die 1990er Jahre zur «Dekade des Gehirns» erklärt. Sein Nachfolger Bill Clinton bzw. dessen First Lady und spätere Außenministerin Hillary Clinton nahmen den Ball auf und luden am 17. April 1997 im Rahmen der Initiative «Rethinking the Brain» zur «White House Conference on Early Childhood Development and Learning». Ziel war es, mit der Neurowissenschaft einen ersten Schritt zur Verbesserung der amerikanischen Schulen zu vollziehen. Größere Fortschritte der modernen Hirnforschung folgten dann aber – gänzlich außerhalb der Pädagogik – erst nach dem Jahr 2000, vor allem aufgrund neuer nichtinvasiver bildgebender Untersuchungsverfahren: der Single-Photon-Emission-Computed-Tomographie (SPECT), der

Positronen-Emissions-Tomographie (PET) und der funktionellen Magnet-Resonanz-Tomographie (fMRT).

Die Hirnforschung scheint somit auf dem besten Weg zu sein, zur Leitwissenschaft der ersten beiden Jahrzehnte des 21. Jahrhunderts zu werden. Erkennbar ist das allein schon daran, dass die Phraseologie der Hirnforschung metastatisch um sich greift: Neuroanthropologie, Neuroarchitektur, Neuroästhetik, Neurobiologie, Neurodidaktik, Neuroergonomie, Neuroethik, Neuroforensik, Neurogermanistik, Neurohistorik, Neurojournalismus, Neurojura, Neurokriminologie, Neuromarketing, Neuroökonomie, Neuroökotrophologie, Neuropädagogik, Neurophilosophie, Neuropsychoanalyse, Neurosoziologie, Neurotheologie – alles angeblich neue interdisziplinäre Wissenschaftsgebiete mit der Hirnforschung als Leitdisziplin.

Fast scheint es so, als wolle die Hirnforschung sich auch zu einer vierten großen Kränkung der Menschheit hinaufschwingen und die drei Kränkungen, von denen Sigmund Freund spricht, überbieten: die Kränkung durch Kopernikus, nämlich dass die Erde nicht der Mittelpunkt des Alls sei; die Kränkung durch Darwin, dass der Mensch von Affen abstamme; die Kränkung durch Freud selbst, nämlich dass bereits das Kind ein triebhaftes Wesen sei. Und nun eben die Kränkung durch die Hirnforschung, dass der Mensch samt Psyche nur das Produkt mehr oder weniger komplexer physiologischer Abläufe in 100 Milliarden Neuronen und 100 Billionen (10 hoch 14) Synapsen sei.

Wer «Neuro» ausspricht, gilt als innovativ. «Neuro» bringt Glanz in die Augen eines jeden Betrachters und immunisiert gegen Kritik. So hat «Neuro» das Image bekommen, die aktuell modernsten Forschungsrichtungen zu repräsentieren. Es entwickelt dabei eine suggestive Kraft, die aber bisweilen in eine naive Wissenschaftsgläubigkeit einmündet. Gerade die PISA-besessenen Deutschen greifen begierig alles auf, was mit Neuropädagogik, Neurodidaktik, Zeitfenstern, Brain-Gym, Synapsenpflege und dergleichen zu tun hat.

Die Medien marschieren dabei gerne voraus, denn sie überschlagen sich im «Neuro»-Bereich mit Meldungen, die in vielen Fällen geradezu stereotyp mit dem Satz beginnen: «Neueste Studien der Hirnforschung haben gezeigt ...» Solche Meldungen werden gern auf schönen Metaphern aufgebaut. Kamen die entsprechenden früher aus Technik, Materialkunde und Handwerk – das Gehirn als Wachsblock, als Schwamm, als Marmorblock, der durch Meißeln zu formen ist, als «Eindrücke» wie Spuren und Gravuren –, so sind es heute vor allem Metaphern, bei denen die Computertechnik Pate steht. Das Gehirn als Netzwerk oder Speicher und Ähnliches mehr. Und dann natürlich Zeitfenster, die auf- oder zugehen. Aus der Linguistik wissen wir freilich, dass die meisten Metaphern lügen.

Synapsenzählerei und Zeitfensterfolklore

Wie bei einem Pawlow'schen Reflex läuft bei den Rezipienten von neurobiologischen Nachrichten die Vorstellung ab: «Aha, das ist moderne, innovative Wissenschaft!» Studien allerdings, die Unspektakuläres liefern und zur Gelassenheit animieren könnten, haben keine Chance. Chancenlos wäre etwa die Meldung: «Neueste Studien haben ergeben, dass Kinder von alleine groß und intelligent werden.» Die Meldung jedoch, Frühförderung könne in bestimmten Zeitfenstern mehr Synapsen im Hirn erhalten bzw. verbinden, löst einen Hype aus. Synapsenzählerei und Zeitfensterfolklore, wohin man schaut.

Kritisch betrachtet – und mit Blick auf menschliches Lernen und menschliche Entwicklung – sind freilich große Teile der aus der Hirnforschung angeblich abzuleitenden Empfehlungen für Bildung und Erziehung schlicht und einfach Legenden oder Schnee von gestern. Was Douwe Draaisma in seinem Buch «Die Metaphernmaschine – Eine Geschichte des Gedächtnisses» 1999 beschreibt, stimmt noch heute: «Die Psychologie scheint [...] an einem Gedächtnisverlust zu leiden, der schon pathologisch wirkt. Der Anteil an Wiederentdeckungen ist beschämend hoch.» Das gilt auch für die Pädagogik. Wenn große Teile der Pädagogik jetzt auf den Neurozug aufgesprungen sind, dann leidet die Pädagogik an einer schweren Amnesie, denn sie scheint ihr milliardenfach erfahrenes praktisches Wissen um menschliches Lernen vergessen zu haben. Spötter sagen ohnehin: Pädagogik ist ein Friedhof, auf dem mittels «Neuro» Auferstehung gefeiert wird.

Deutschlands Hirnforscher sind zum Teil nicht unschuldig an dieser mitunter unseriösen Debatte um «Neuro». Denn unter den Hirnforschern Deutschlands und Amerikas gibt es solche und solche: Kategorie eins sind die seriösen und streng wissen-schaftlichen. Zu dieser ersten Kategorie gehören in Deutschland zum Beispiel Gerhard Roth und Wolf Singer. Singer hält von dem ganzen Förderzirkus wenig, wenn er sagt, Kinder würden sich ihre Anregungen selbst suchen, sobald die sogenannten Zeit-fenster aufgingen. Den Eltern empfiehlt er, nichts anderes zu tun, als aufkeimende Neugier zu befriedigen. Roth weist darauf hin, dass keine der von der Hirnforschung vorgeschlagenen Maß-nahmen zur Verbesserung des Lernens wirklich neu sei. Beispiels-weise stellt er fest, dass von der Methode des selbstbestimmten Lernens nur eine sehr kleine Gruppe hochbegabter Schüler profi-tiere. Über den Unterrichtsstil schreibt Gerhard Roth 2011: «Der

Frontalunterricht eines kompetenten, einfühlsamen und begeisternden Lehrers ist allemal wirksamer als eine wenig strukturierte Gruppenarbeit und ein nicht überwachtes Einzellernen.»

Die großen Mythen

Kategorie zwei sind diejenigen mit Talent zum hirnbiologischen Entertainer, die mit ihren Ratschlägen nicht nur gigantische Erwartungen bei Eltern bedienen, sondern mit diesem Geschäft in einem Maße Kasse machen, dass sogar ein Exfinanzminister als hochdotierter Redner vor Neid erblassen könnte. Zu dieser Kategorie gehört Manfred Spitzer, der sich in der Aussage gefällt, dass effektives Lernen gute Laune voraussetze. Was aber, wenn man etwas erarbeiten soll und keine gute Laune hat? Und wenn die höhere Mathematik, die ich mir aneignen muss, mir keinen Spaß und keine Lust verschafft?

Darüber hinaus versteigt sich Manfred Spitzer zu der Forderung, dass das Grundgesetz wegen der Erkenntnisse der Gehirnforschung geändert werden müsse. Dort wird nämlich im Artikel 7 Absatz 3 festgelegt, dass der Religionsunterricht in öffentlichen Schulen ordentliches Lehrfach ist. Eines seiner Buchkapitel ist dementsprechend überschrieben mit «Vom Frontalhirn zur Grundgesetzänderung». Begründung des Autors für diese Forderung: Eine solche verfassungsrechtliche Vorschrift sei nicht tragbar, denn die Hirnforschung habe bewiesen, dass Heranwachsende frühestens mit Ende der Jugendzeit für ethische Fragen zu gewinnen seien.

Bislang zumindest konnte in Städten, in denen Hirnforscher dieser Kategorie für jeweils 8000 Euro einen Abendvortrag hielten, nicht nachgewiesen werden, dass sich dort die Durchschnittsnoten der Schüler sprunghaft zum Besseren gewandelt hätten und dass die Sitzenbleiberquoten drastisch reduziert worden wären.

Zu dieser Kategorie gehört wohl auch der schon erwähnte Gerald Hüther. In seinem Buchtitel «Jedes Kind ist hochbegabt» übersieht er, dass keiner mehr hochbegabt ist, wenn alle hochbegabt sind. Hüther aber macht Hochbegabung auch für Kinder mit Trisomie 21 geltend, von denen einige mittlerweile das Abitur gemacht haben sollen. Eine Nummer kleiner geht es nicht, auch nicht bei Hüthers Vorhaben, einen Masterstudiengang «Potenzialentfaltungscoach» entwickeln zu wollen.

Wenn Forschern der Kategorie zwei die Seriosität ihrer Wissenschaft am Herzen läge, würden sie aufpassen, dass es ihnen nicht ergeht wie einigen ihrer frühen Vorgänger: Johann Caspar Lavater (1741–1801) etwa mit seiner «Phrenologie», der zufolge sich am Äußeren des Menschen, vor allem seiner Schädelform, Intelligenz und Charakter ableiten ließen. Wer Geschichte, hier Verirrungen in der Geschichte der Hirnforschung, ignoriert, muss gewärtig sein, neuerliche Irrwege einzuschlagen.

Die Hirnforschung steht sicherlich noch am Anfang, und viele Desillusionierungen stehen ihr noch bevor, einige hat sie allerdings bereits hinter sich, nur dass diese Desillusionierungen bedauerlicherweise nicht Gemeingut geworden sind. Immerhin hat sich im angloamerikanischen und im deutschsprachigen Raum eine «Critical Neuroscience» etabliert. Die Kritiker sprechen von «Neuromania» oder gar davon, dass die Astrologie mehr Wissenschaftlichkeit in sich habe als so manche Neuro-Bindestrich-Wissenschaft. Mitarbeiter der Eidgenössischen Technischen Hochschule Zürich (ETH) stehen an vorderster Stelle bei den Kritikern. Dazu zählt Nicole Becker mit ihren beiden Publikationen «Die neurowissenschaftliche Herausforderung der

Pädagogik» (2006) und «Hirngespinste der Pädagogik» (2009). Becker war übrigens Mitarbeiterin im Projekt «Neurobiologische Grundlagen von Wissenserwerb und Wissensvermittlung», das Gerhard Roth am Hanse-Wissenschaftskolleg in Delmenhorst ins Leben gerufen hat. Bei diesen Leuten findet sich – zum Teil im Internet – vieles an Desillusionierung populärer Neuromythen, unter anderem der vier folgenden.

Mythos 1: «Lernen lässt Synapsen wachsen, Nichtlernen lässt sie verkümmern.»

Hirnforscher haben hinsichtlich unserer Synapsen die Parole ausgegeben: «use them or lose them.» Tatsächlich nimmt die Synapsendichte während der Adoleszenz immer weiter ab und erreicht dann mit 18 Jahren den Stand des erwachsenen Gehirns. Dass aber ein Mehr an Synapsen immer besser ist, ist Unfug. Wenn in der frühen Kindheit viele nützliche Nervenverbindungen im Gehirn verschwinden, dann ist das ganz normal. Der Grund ist in der Neustrukturierung des neuronalen Chaos zu sehen. Oder bildhaft erklärt: Das Gehirn beginnt zum Zweck einer Ökonomisierung der Hirnaktivität mit dem Ausjäten eines Dickichts. Das Verschwinden von Synapsen ist also Teil der Reifung des Gehirns, diese Reifung ist kein Verlust.

Deshalb hat das Gehirn eines zweijährigen Kindes natürlicherweise doppelt so viele Synapsen wie das seines Vaters oder seiner Mutter. Aber es ist belanglos. Hüten wir uns auch davor, aus Tierversuchen einen Transfer auf den Menschen zu unternehmen. Tierversuche, meist mit Ratten, mögen gezeigt haben, dass Tiere, die in komplexen, anregenden Umwelten aufwuchsen, mehr Synapsen in bestimmten Bereichen des Gehirns haben als Tiere, die

43

unter kargeren Bedingungen aufwuchsen. Zugleich fand man bei diesen Ratten heraus, dass es bei der Bildung von Synapsen nicht nur auf Zeitfenster ankomme, sondern dass komplexe Umwelten das ganze Leben hindurch eine ähnliche Wirkung auf Rattenhirne haben. Wie auch immer: Das alles ist ein plumpes Denken in Quantitäten. Der Verlust von Synapsen ist kein Verlust, sondern unvermeidlich und notwendig.

Mit der Komplexität von Intelligenz hat das nichts zu tun. Die Plastizität des Gehirns bezieht sich nach John T. Bruer (2000) nämlich in erster Linie vor allem auf die Ausbildung elementarer neuronaler Systeme: auf Hören, Sehen und Motorik. Für Elsbeth Stern (2003) ist denn auch eine hohe Neuronendichte im Gehirn nicht gleichzusetzen mit Lernfähigkeit. Lernfähig werde das Gehirn erst dann, wenn sich ganz bestimmte Neuronen verbunden und gleichzeitig eine Ausdünnung stattgefunden hätten. Kinder lernen im Übrigen am meisten, nachdem sich das Synapsenniveau stabilisiert hat. Vom Schuleintritt des Kindes bis zum Ende der Schulzeit gibt es nur noch eine geringe Abnahme der Zahl der Synapsen. In dieser Zeit findet der größte Lernzuwachs statt.

Mythos 2: «Was Hänschen nicht lernt, lernt Hans nimmermehr. Es gilt, Zeitfenster, Tuning-Perioden, kognitive Fenster, Entwicklungsfenster, sensible Phasen synaptischer Plastizität zu nutzen, sonst ist der Zug abgefahren.»
Die ganze Zeitfenster-Theorie wirkt auf viele Eltern und andere Pädagogen alarmierend, denn es wird daraus gefolgert, dass wir Kindern, denen wir bis zum Alter von drei Jahren nicht geholfen haben, überhaupt nicht mehr helfen können. Dass es für das Lernen sensible Phasen gebe? Alles recht und schön, aber diese

These wurde abgeleitet aus Experimenten mit Versuchstieren wie Sumpfmeise oder Nachtigall, denen man bestimmte Erfahrungen im Zuge sogenannter Deprivationsexperimente vorenthielt. Spitzer folgert daraus, dass ein Verhalten nicht mehr erlernt werden kann, wenn ein Zeitfenster verstrichen ist. Die Zeitfenster-Theorie gilt aber nur für spezifische und beschränkte Aspekte des Lernens und der Entwicklung. Das unausrottbare Gerücht, dem zufolge sich bestimmte Zeitfenster mit dem dritten Lebensjahr unerbittlich schließen, ist purer Quatsch.

Dieser Mythos ist für den Menschen längst widerlegt. Der Mensch, so er organisch gesund bleibt, kann bis ins zehnte Lebensjahrzehnt hinauf lernen. Allein schon die alltägliche Begegnung mit älteren Menschen lehrt uns, dass das intakte menschliche Gehirn bis zum Tod lernfähig bleibt. Beim Menschen ist es vor allem eine Frage der Motivation, wann sich Zeitfenster schließen.

Die Fachleute von der ETH Zürich halten klipp und klar fest: «Bestenfalls lassen sich in Bezug auf die Entwicklung grundlegender motorischer und sprachlicher Fähigkeiten (Tastsinn und Phonetik) sogenannte sensible Phasen nachweisen […]. Hingegen gibt es keine Belege dafür, dass es grundsätzlich nicht möglich ist, zum Beispiel eine Fremdsprache auch im Erwachsenenalter akzentfrei sprechen zu lernen.»

Dass zweisprachig aufwachsende Kinder zwei Muttersprachen praktisch en passant und unsystematisch erwerben, ist auf einen didaktisch aufbereiteten Fremdsprachenunterricht nicht übertragbar und kein Beweis für die Zeitfenster-Theorie, der zufolge der Erwerb einer zweiten, akzentfrei gesprochenen Muttersprache an bestimmte Zeitfenster gebunden ist. Es ist ein Irrglaube anzunehmen, dass es bei der Phonetik auf die ersten sechs Lebensmonate ankomme, um eine Sprache akzentfrei zu sprechen. Für andere klappt das Zeitfenster für akzentfreies Sprechen der Fremdsprache im Alter von fünf oder sechs Jahren zu, wieder andere denken, erst mit vierzehn.

Es stimmt nicht, dass man durch inszenierte Zweisprachigkeit neuronale «Pfade» anlegt, die außerhalb dieser Zeitfenster nicht angelegt werden können. Dass man eine zweite Sprache sogar im späteren Alter zur Perfektion erlernen kann, dafür mögen zwei Beispiele stehen. Erstens der in Fürth geborene spätere US-Außenminister Henry Kissinger, zweitens der Pole Josef Korzeniowski, der als 20-Jähriger nach England kam und unter dem Namen Joseph Conrad ein Meister der englischen Sprache wurde.

Beim Erwerb und bei der Erweiterung des Wortschatzes gibt es ansonsten keine sensiblen Phasen. Ein fünfjähriges Kind versteht um die 3000 Wörter, ein Abiturient 20000, manche Menschen schaffen es dann im Laufe ihres Lebens auf 60000 Wörter. Und auch für die Lese- und Schreibfertigkeit gibt es eigentlich keine kritischen Phasen.

Mythos 3: «Wir nutzen nur zehn Prozent unserer Hirnkapazität.»
Das menschliche Gehirn, das rund 2 Prozent des Körpergewichts eines Menschen ausmacht, verbraucht 20 Prozent des körperlichen Umsatzes an Sauerstoff und Glukose. Das Gehirn arbeitet also ganz offenbar hochdynamisch. Da können keine 90 Prozent der Gehirnkapazität brachliegen. Vielmehr sind bei hirnrelevanter Tätigkeit immer viele Hirnareale aktiv. Allerdings haben intelligente Menschen bei geistiger Arbeit einen vergleichsweise geringeren Energieumsatz. Das bedeutet aber nicht, dass sie weniger Hirnareale aktivieren, sondern es beweist, dass das geschulte Ge-

hirn ein hochökonomisch tätiges Organ ist. Für das Gehirn und seinen Eigentümer ist das ein Segen, weil die gleichzeitige Aktivität aller Neuronen einem epileptischen Krampfanfall gleichkäme und koordiniertes Denken und Handeln nicht mehr möglich wären. Also erbringen die höchsten Intelligenzleistungen Gehirne, die gleichsam mit Schwachstrom arbeiten, Starkstromhirne dagegen arbeiten sehr ineffektiv.

Genauso wie der Mensch niemals alle Muskeln des Körpers auf einmal anstrengt – das wäre nämlich der totale Krampfzustand bis zum Tod –, fordert das Gehirn niemals sämtliche Synapsen auf einmal an. Im Kampf ums Dasein ist also Energiesparmodus angesagt. Es gehört zu den Merkmalen der Evolution des Gehirns, dass es seinen Aufwand ökonomisierte. Wenn in einem gewissen Stadium der Hirnentwicklung zahlreiche Synapsen wieder verschwinden, so ist das nicht das Ergebnis einer ausbleibenden Förderung, sondern völlig natürlich.

Der Grad der Aktivierung des Gehirns korreliert also negativ mit der vorhandenen Intelligenz. Einfacher ausgedrückt: Intelligente müssen, um intelligente Aufgaben zu bewältigen, weniger Gas geben als weniger Intelligente. Zum Beispiel werden intelligente Knobeleien von denjenigen am schnellsten gelöst, die den niedrigsten Energieumsatz im Gehirn aufweisen. Je besser Menschen bestimmte geistige oder motorische Aufgaben beherrschen, desto weniger Hirnschmalz verlangt ihnen eine Aufgabe ab. Probanden, die komplizierte geistige Aufgaben am schnellsten lösten, hatten auch die geringste Beschleunigung ihrer Hirnstromwellen nötig.

Trotzdem wird das Märchen vom unausgeschöpften Hirnpotenzial besonders gerne bemüht, meist verbunden mit dem Angebot, die brachliegenden neun Zehntel durch ein sündhaft teures Kursprogramm zu mobilisieren. So wirbt etwa Scientology mit einem Porträt von Albert Einstein, dem die Behauptung von der nur zehnprozentigen Nutzung unseres Denkapparates in den Mund gelegt wird. Wenn es gelinge, so heißt es, die ungenutzten Hirnressourcen zu entfesseln, dann würden gigantische Potenziale freigesetzt. Auch gewisse andere Gruppen wie die Neurolinguistischen Programmierer, die Anhänger des Superlearnings oder der Transzendentalen Meditation schlagen gerne aus diesem Zehn-Prozent-Mythos Kapital.

Mythos 4: «Die beiden Hirnhälften repräsentieren völlig unterschiedliche Leistungen, Menschen unterscheiden sich danach, welche Hemisphäre bei ihnen bevorzugt aktiv ist.»

Es gibt aber keine Belege dafür, dass die jeweilige Hirnhälfte spezialisiert sei und dass es reine Linkshemisphäriker oder Rechtshemisphäriker gebe. Links denken und logisch vorgehen, rechts intuitiv und kreativ sein – das gibt es nicht. Die Annahme, die verschütteten und unterdrückten Talente der rechten Hirnhälfte müssten im Interesse des Überlebens der Welt und der Menschheit gefördert werden, ist der Esoterik zuzuordnen.

Esoterisch ist ferner auch die Vorstellung, die rechte Hirnhälfte entspreche der weichen, empfindsamen Seite der Frau (Yin), während die linke Hirnhälfte den harten Wesenszügen des Mannes (Yang) entspreche. Allein darin steckt bereits ein großer Denkfehler. Denn Frauen besitzen im Allgemeinen nachweislich eine größere sprachliche Intelligenz als Männer, und die Sprache «sitzt» nun einmal in der «bösen» linken Gehirnhälfte. Dafür kommen Männer im Schnitt besser mit räumlichen Aufgaben zurecht, obwohl die räumliche Intelligenz in der «guten» rechten Hemisphäre wohnt. Wir wissen auch, dass Kreativität und Intuition vor allem mit einem engen Zusammenspiel beider Hemisphären zu tun haben.

Auch seriöse Neurobiologen halten den ganzen Hemisphärenmythos für blanken Unsinn. Das schwerste Geschütz fährt der Neurologieprofessor Robert Efron aus San Diego in einem Buch mit dem bezeichnenden Titel «Niedergang und Fall der hemisphärischen Spezialisierung» auf: «Der Forscherzweig, der sich mit Leistungsunterschieden zwischen den beiden Hemisphären beschäftigt, ist hirntot.» Dr. Dietmar Heubrock vom Institut für Rehabilitationsforschung der Universität Bremen bestätigt: «Die Untersuchungen mit bildgebenden Verfahren haben zeigen können, dass es keine Alltagstätigkeit gibt, bei der nicht die linke *und* die rechte Gehirnhälfte aktiviert sind und zusammenarbeiten. Die Sprache ist auf beiden Seiten des Gehirns repräsentiert, und zwar in den korrespondierenden Regionen. Die Zentren auf der linken Seite werden stärker von den zentralen Aspekten der Sprache wie Grammatik und Wortbildung beansprucht, während die rechte Seite in höherem Maße zur Intonation und zur Satzmelodie beiträgt.»

Ein eigenartiges Menschenbild

Hinter all den Mythen und Versprechungen steckt ein reichlich materialistisches, biologistisches, reduktionistisches, im Grunde triviales Menschenbild. Hier werden Gedanken, Erinnerungen, Empfindungen als Formen der Erscheinung von Materie betrachtet. Alles ist ja angeblich zerebral, also neurophysiologisch, determiniert. Deshalb leugnen viele Forscher, dass es einen freien Willen gibt. Nur ihre Erkenntnisse sollen für Produkte des freien

Willens gehalten werden, so jedenfalls versuchen sie es uns zu suggerieren.

Der renommierte SWR-Journalist Ralf Caspary setzt sich unter anderem kritisch mit dem Menschenbild der Hirnforschung auseinander. Der Titel seines 2010 erschienenen Buchs lautet: «Alles Neuro? – Was die Hirnforschung verspricht und nicht halten kann». In wohltuender Weise hält Caspary fest: «Menschen sind das, was sie sind, nun einmal nicht nur durch ihre Natur [Caspary meint die Hirnzellen, A. d. A.], sondern vor allem durch ihre Kultur.»

Sodann fragt Caspary: «Wenn die Hirnforscher recht haben mit der Annahme, dass der Mensch keinen freien Willen hat und die Neuronen dem Menschen diktieren, was er zu tun hat, dann müsste das natürlich für sie selbst gelten. Warum nehmen sie sich dann aber, wenn es um ihre neuen Erkenntnisse und deren mediale Verbreitung geht, so wichtig?» Stattdessen, so Caspary weiter, scheinen Hirnforscher für sich etwas gepachtet zu haben, was sie den anderen abstreiten: Objektivität, naturwissenschaftliche Exaktheit, Resistenz gegenüber Weltanschauungen und Spekulationen.

Die Sache mit dem praktischen pädagogischen Nährwert

Zu wissen, wo im Gehirn etwas abläuft, sagt gar nichts darüber aus, wie es abläuft und wie man es gezielt initiieren kann. Zur Scharlatanerie wird Hirnforschung, wenn sie für ideologische Zwecke instrumentalisiert wird, wenn etwa behauptet wird, die Hirnforschung habe bewiesen, dass ein längeres gemeinsames Lernen qua verlängerter Grundschule oder Gesamtschule sinnvoll sei. Hier wird Hirnforschung zur unverantwortlichen Irreführung einer Elternschaft, die nach Informationen über frühe Hirnentwicklung lechzt.

Eltern sollten nicht dazu verführt werden zu glauben, dass sie auf die intellektuelle Entwicklung mehr Einfluss haben, als es die genetische Prädisposition vorgibt. Sie können mit ihrem Nachwuchs «Brain-Gym» und Gehirnjogging machen, sie trainieren damit aber nichts anderes als das Lösen von Denksportaufgaben, nicht jedoch die Intelligenz. Oder einfacher: Wer ständig Kreuzworträtsel und Sudokus löst, der verbessert durchaus seine Vigilanz – also seine Wachheit –, aber nicht unbedingt sein Konzentrations- bzw. sein kognitives Gesamtvermögen. Eltern oder deren Nachwuchs sollten auch nicht auf zukünftige und angeblich bereits vorhandene Segnungen eines «Cognitive Enhancement» und eines «Mind Doping» hoffen. Deshalb ist es schwer nachvollziehbar, warum der Konsum von Methylphenidat (Ritalin) exponentiell gestiegen ist. Der Konsum dieses Wirkstoffs vermag die kognitiven Fertigkeiten nicht zu steigern, allenfalls vorübergehend, und bei erheblichem Suchtpotenzial die Vigilanz.

Immer häufiger gewinnt man den Eindruck, dass mit dem Neurohype Fragen beantwortet werden, die niemand gestellt hat, weil sie aus der milliardenfachen Erfahrung von Eltern mit Kindern und von Lehrern mit Schülern längst beantwortet sind. Die pädagogischen Empfehlungen der Hirnforscher erscheinen zu einem erheblichen Teil so trivial, dass es sich nicht lohnt, ihre Richtigkeit unter Beweis zu stellen. Wer würde schon bestreiten wollen, dass Neugier und eine intrinsische Motivation gute Lernvoraussetzungen darstellen?

Eine pädagogische Revolution wird die Gehirnforschung nicht einleiten. Die Neuroforschung ist noch viele, viele Jahre davon entfernt, die Vision des Nürnberger Trichters aus der Barockzeit ins Praktische umzusetzen. Dieser Trichter ist dargestellt auf einem Kupferstich aus dem 17. Jahrhundert und zu besichtigen in der Nürnberger Stadtbibliothek. Auf ihm sind drei Männer abgebildet, die einem vierten alles Mögliche eintrichtern. Darüber steht: «Seht, liebe Leut', hie steht der Mann, so alle Kunst eingießen kann». Eine solche Nürnberger-Trichter-Vision scheint heutzutage durch manche Auswüchse der Hirnforschung fröhliche Urständ zu feiern.

Man sollte sich unaufgeregt auf die klassische Lern- und Gehirnforschung einlassen: Man kann Kleinstkindern noch so viel programmiertes Vorschullernen vorsetzen, man kann sie im Mutterleib noch so sehr mit Mozart oder Bach beschallen, es hat alles keinen Zweck. Man produziert damit keine «Little Giants». Ein normales Elternhaus mit Vorlesen, Reden, Singen, Naturbegegnung, Verlässlichkeit reicht. Ein Zuviel an inszenierter (Früh-) Förderung ist schädlich. Vor allem ist es Unsinn, mit gesunden Kindern eine Förderung anzufangen, die für beeinträchtigte Kinder konzipiert wurde.

Im Umfeld eines normalen Elternhauses sucht sich das heranreifende Gehirn dann sehr autonom die Reize und Anregungen, die es braucht. Oder noch einfacher: «Sperren Sie Ihr Kind nicht in den Schrank, lassen Sie es nicht verhungern und schlagen Sie ihm nicht mit der Bratpfanne auf den Kopf.» So hat der US-Neurowissenschaftler Steve Petersen von der Washington University in St. Louis die Erkenntnisse der pädagogisch relevanten Neuroforschung zusammengefasst.

Ob Deutschlands Schüler besser abschneiden, wenn sie alle die 64 Seiten des Bändchens «Gehirnforschung für Kinder – Felix und Eline entdecken das Gehirn» (2009) von Gerald Hüther gelesen und zum Beispiel die Analogien, die der Autor zwischen einem Gehirn und einer Zwiebel konstruiert, verstanden haben werden? Wie hilfreich ist es zu lesen: «Meine Zwiebel im Kopf denkt»?

Keine feindliche Übernahme durch «Neuro»

Nein, es steht keine «feindliche Übernahme» der Lehr-Lern-Forschung durch die Neurowissenschaften an. Das Erfahrungswissen von Eltern und Lehrern durch wissenschaftliche Wissensbestände ersetzen zu wollen, so Elsbeth Stern, sei unmöglich. Zwar könne es nicht schaden, wenn Lehrer die Rolle von Hippocampus und Mandelkern kennen, aber dieses Wissen versetzt sie nicht in die Lage, ihren Schülern den Unterschied zwischen Masse und Gewicht oder die Bruchrechnung nahezubringen. Die Ergebnisse der Hirnforschung unterstützen ansonsten all das, was gute Lehrer wissen und in ihrem Handeln daraus ableiten.

• **Lernen muss mehrkanalig sein:** Je mehr Sinneskanäle angesprochen werden, desto effizienter und effektiver speichert das Gedächtnis. Das heißt: Man muss möglichst immer mit allen Sinnen lernen – zumindest mit Auge und Ohr zugleich. Wir wissen jedenfalls, dass wir folgende Anteile des Wahrgenommenen im Gedächtnis behalten: 10 Prozent, wenn wir es nur lesen; 20 Prozent, wenn wir es hören; 30 Prozent, wenn wir es sehen; 50 Prozent, wenn wir es hören und sehen; 70 Prozent, wenn wir es selbst sagen; 90 Prozent, wenn wir es selbst tun. Unsinn aber ist es anzunehmen, dass es einen typengerechten visuellen, auditiven, kinästhetischen, dialogischen, abstrakten und andere Lerntypen mehr gebe. Wer meint, durch Lerntypentests herauszufinden, über welchen Kanal der Einzelne am besten lernt, blockiert im Endeffekt das, was die Voraussetzung von Lernen ist, nämlich das Lernen auf die Situation und auf den Inhalt einstellen zu können.

- **Übung macht den Meister:** Ohne Übung geht nichts. Nur der kleinere Teil der Lernstoffe ist so attraktiv, dass er sich mit einem Mal einprägt. Für das Gros gilt: Nur mit regelmäßigem Wiederholen sedimentiert sich der Lernstoff vom Ultrakurzzeitgedächtnis ins Kurzzeitgedächtnis und dann ins Langzeitgedächtnis. Das gilt für so ziemlich alle Lernbereiche: Ein routinierter Fließbandarbeiter hat einen Handgriff eine bis zwei Millionen Mal getan, bis er optimal automatisiert ist. Ein guter Musiker hat bis zum 20. Lebensjahr circa 10 000 Übungsstunden hinter sich. Soll Virtuosität erreicht werden – das gilt für die Musik ebenso wie für die Sprache –, muss das Lernen also lange währen. «Wissen, nicht Intelligenz ist der Schlüssel zum Können» (Elsbeth Stern). Deshalb bringt ein Lernen des Lernens wenig. Aber das Auswendiglernen ist gut, weil das Gelernte dann praktisch auf Festplatte gespeichert wird und der Arbeitsspeicher damit frei bleibt.
- **Wichtig ist verteiltes Lernen:** Vor allem im Bereich des prozeduralen Gedächtnisses ist dies notwendig wie beim Schreibmaschineschreiben oder Musikinstrumenterlernen. Hier ist es besser, etwa viermal eine Viertelstunde als einmal eine ganze Stunde zu üben. Das gilt auch für das Erlernen von Vokabeln. Grundsätzlich gilt außerdem: Das Wiederholen soll in länger werdenden Abständen erfolgen. Und es gilt: Lernen in letzter Minute schadet. Deshalb ist es entscheidend, frühzeitig zu beginnen. Fängt man zu spät an, kommt es zu einer «ekphorischen» Gedächtnishemmung, also zu einer Hemmung beim Abrufen des Gelernten.

54

- **Lernen braucht Entspannung und ausreichend Schlaf:** Es ist wichtig zu wissen, dass zu Beginn des Lernens die Effektivität am größten ist. Sobald es mühseliger wird, sollte man eine Pause einlegen. Man kann auch zu viel des Guten tun. Das nennt man dann «Überlernen». Wer beim Lernen über seine Kapazitätsgrenzen geht, begreift am Ende gar nichts mehr. Ohne Pausen erkennen die Neuronen nicht mehr, was sie speichern sollen.

- **Belohntes bzw. Verstärktes bleibt dauerhafter im Gehirn:** Deshalb ist Lob wichtiger als Tadel. Das wusste schon der alte Johann Amos Comenius (1592–1670): «Alles, was beim Lernen Freude macht, unterstützt das Gedächtnis.» Und Friedrich Nietzsche (1844–1900) betonte: «Im Lobe ist mehr Zudringlichkeit als im Tadel.» Leider handeln so manche Eltern und Lehrer nicht immer nach diesen Grundsätzen.

- **Neugier fördert das Lernen:** Allen Säugetieren ist gemeinsam, dass ihre Heranwachsenden ausgesprochene Neugierdewesen sind. Ein Zuwenig an Anregung führt zu Deprivation. Fehlt außerdem ein Sozialpartner, so ist das gesamte Neugier- und Spielverhalten deutlich reduziert. Ein Zuwenig an Sicherheit schränkt die Entwicklung ebenfalls ein, denn dann verbraucht ein Lebewesen die gesamte Zeit und Energie für Nahrungssuche und Selbstsicherung. Beide Defizite bremsen das Neugier- und Spielverhalten.

Elternflüsterer ohne Zahl

Wenn das Angebot an Ratgebern und die Nachfrage danach ein Indikator für den Zustand elterlicher Erziehung sind, dann war keine Elterngeneration so unsicher wie die heutige, dann hat aber auch keine jemals engagierter erzogen. Je weniger Kinder es in Deutschland gibt, desto mehr Erziehungsratgeber erscheinen. Die arbeiten mit dem Schuldgefühl der Eltern und mit der Angst, etwas zu versäumen. Dementsprechend einfach ist ihre Botschaft: Eltern können eigentlich nichts richtig machen. Zu diesem Zweck werden gern Klischees falscher Erziehungspraktiken verbreitet.

Eingesetzt hat dieser Boom bereits zwischen den Weltkriegen, zu einer Zeit, als die behavioristische Lernforschung und die Tiefenpsychologie zum Gemeingut wurden. Beginnend in den USA, kamen mehr und mehr Leitfäden auf den Markt, die Entwicklungsnormen verbreiteten, an denen Eltern – so die vermeintliche Wirkung – ihr Kind messen können sollten bzw. über die Eltern erfahren konnten, was in einer bestimmten Phase der Entwicklung ihres Kindes erwartbar sei. Vermeintliches Expertenwissen verdrängte damit erzieherische Alltagserfahrung, und die Ratgeberei boomte ein erstes Mal. Dabei waren und sind solche Ratgeber oft genug das Problem, als dessen Lösung sie sich ausgeben.

Bei «amazon» etwa findet man allein im deutschsprachigen Raum Zigtausende an Büchern, die unter «Erziehung» laufen und in Buchhandlungen etliche Regalmeter füllen. Im angloamerikanischen Raum dürfte es ein Mehrfaches sein. «Jedes Kind kann schlafen lernen», «Bloß nicht alles richtig machen!» Es gibt keine Frage, die nicht gestellt bzw. vermeintlich schlüssig beantwortet würde: Wegwerfwindel oder Stoffwindel? Welcher Buggy? Welches Bettchen? Eng oder locker wickeln? Schreien lassen oder nicht? Schlafen im Elternbett? Zudem erscheinen allein im deutschsprachigen Raum Jahr für Jahr kostenlose und kommerzielle Magazine für Eltern in einer Auflage von ca. dreißig Millionen. Hinzu kommen über hundert Internetauftritte, die Eltern Hilfe versprechen oder zumindest zur Diskussion von Erziehungsproblemen einladen – zum Beispiel «babynewsletter.de». Und natürlich – für spätere Eltern – «Bravo»! Viele der Eltern heute sind als Kinder und Jugendliche mit diesem Magazin aufgewachsen. Man kann nur hoffen, dass die dort präsentierte Lebens- und Liebesberatung sich nicht in den Köpfen der späteren Eltern festgesetzt hat.

Der Elternknigge des *Zeit-Magazins* vom 25. Februar 2010 lässt die «55 drängendsten Erziehungsfragen» anscheinend ultimativ von Experten beantworten. Passend dazu finden wir auf dem Titelbild ein kleines Mädchen, das zwei Stinkefinger zeigt. Und dann kommen Antworten auf die folgenden existenziellen und essenziellen Fragen: Darf ich Schimpfwörter benutzen, wenn mein Kind dabei ist? Soll man einem Jungen eine Puppe schenken? Soll ein Kind gehorchen? Bin ich eine schlechte Mutter, wenn mein Kind aufs Internat geht? Darf man in Anwesenheit von Kindern bei Rot über die Ampel gehen? Darf ich meinem Sohn, wenn er geschlagen wird, sagen: Schlag zurück? Darf ich ein Referat für mein Kind schreiben? Wem soll ich glauben: dem Lehrer oder meinem Kind? Darf ich stolz sein, wenn mein Kind in «Betragen» eine Drei hat? Darf ich meiner Tochter verbieten, in der Schule zu viel Dekolleté zu zeigen?

Promis als Erziehungsprofis

Vor allem Ratgeber, die Autorität reklamieren, weil sie von praktizierenden Eltern verfasst wurden, beanspruchen Glaubwürdigkeit. Die soll nochmals dadurch gesteigert werden, wenn sie aus der Feder von Promi-Eltern kommen: Selbsternannte Experten wie Sonya Kraus, Claudia Schiffer, Heidi Klum und Boris Becker melden sich zu Wort.

Die allermeisten dieser Ratgeber setzen auf rezeptologische Vereinfachung sowie pädagogische Breitbandtherapeutika für hochkomplexe Erziehungsphänomene und auf die Generalisierung von Fallbeispielen. Erziehung wird auf einfache Wenn-dann-Beziehungen reduziert, es wird die Illusion von (Mono-) Kausalität erweckt: «Wenn Sie das tun, dann tut Ihr Kind jenes (nicht).»

Im Ergebnis entsteht für Eltern dadurch eine neue Ratlosigkeit, die diese mit der Lektüre weiterer Ratgeber zu beseitigen hoffen. Das Gegenteil ist der Fall: Bald hat man sich dann eine neue Ratlosigkeit angelesen.

Für Helmut Schelsky – «Der selbständige und der betreute Mensch» von 1976 – gehört die Wahl zwischen dem selbständigen und dem betreuten Menschen zu den wichtigsten Zielentscheidungen einer Gesellschaft: «Diese Herrschaft der Betreuer kann politisch in verschiedenen Formen erscheinen: als Wohlfahrtsdiktatur, als Erziehungsdiktatur, als Herrschaft der Funktionäre, als Meinungsbeherrschung und -manipulierung usw.» Die heutige (Un-)Kultur, für alles einen Ratgeber bzw. einen Betreuer in Anspruch zu nehmen, ist nicht weit von der Perspektive entfernt, dass Staat und Gesellschaft gefälligst alles (totalitär?) managen sollen.

Am meisten schürt der Ratgeber-«Overkill» bei vielen Eltern

die Sorge, nichts mehr richtig machen zu können oder gar am Pranger zu stehen, weil man dem Gemeinwesen kein funktionierendes Kind hinterlässt. Viele Ratgeber haben trotz der banalen Weisheiten, die dort verbreitet werden, solche Beipackeffekte. Vor allem eine Wirkung haben sie – nämlich die Entmündigung von Eltern. Sie sollten sich also unbedingt solche kognitiven Dissonanzen ersparen. Für Leon Festinger, den renommierten US-Sozialpsychologen, liegt kognitive Dissonanz dann vor, wenn Handeln und Wissen im Kontrast zueinander stehen. Dazu ein Beispiel: «Ich weiß, dass eine bestimmte Art von Erziehung nichts bringt oder gar schadet; ich handle aber weiter so.» So darf Erziehung niemals ausfallen.

Ikonen der Erziehung als pädagogische Versager

Das eine zum Trost: Von gar nicht so wenigen pädagogischen Säulenheiligen ist bekannt, dass sie in der Erziehung ihrer eigenen Kinder total versagten. Dies gilt zum Beispiel für Jean-Jacques Rousseau und für Johann Heinrich Pestalozzi. Beide gehören zu den innerhalb und außerhalb der Fachwelt meistzitierten Autoren der Geschichte der Pädagogik. Rousseau sah zwar in dem Kind das Kind und nicht den kleinen Erwachsenen, doch war er nicht imstande, seine theoretischen Annahmen in die Praxis umzusetzen. Seine fünf Kinder hatte er, um von ihnen bei seinen Studien nicht gestört zu werden, in einem Waisenhaus untergebracht. Bei Pestalozzi war dies ähnlich: Er vermochte nicht, seinen Sohn selbst zu erziehen, und überließ diese Aufgabe nach anfänglichem Scheitern anderen. Ähnliches gilt für Ratgeberstars wie die Schwedin Anna Wahlgren, deren Bücher sich mehr als eine Million Mal verkauft haben, deren Tochter

Felicia Feldt in einem eigenen Buch aber deutlich macht, dass ihre Mutter ihre neun Kinder sich selbst überlassen habe, während sie rauchend in ihrem Arbeitszimmer ihre schlauen Manuskripte tippte. Eine Ikone wäre sie gerne geworden. Sie wurde es nicht. Genauso darf man die Frage nach der Glaubwürdigkeit der Pädagogik der Super Nanny stellen: Die Diplom-Pädagogin Katharina Saalfrank war Deutschlands oberste pädagogische Ratgeberin für sieben biblische Jahre. 2004 startete der private Fernsehsender RTL für die Jahre bis 2011 mit insgesamt 145 Folgen, die immer noch online abrufbar sind, das Format «Die Super Nanny».

RTL erreichte mit dieser wöchentlichen Dokusoap der Sparte «Reality-TV» zur besten Sendezeit um 20.15 Uhr vier bis sechs Millionen Zuschauer und damit Marktanteile von 20 Prozent und mehr.

Die Ansprüche und Versprechungen der RTL-Macher waren gigantisch: «Die Super Nanny» biete den Zuschauern die Möglichkeit, sich einzuordnen und zu orientieren, behauptete einst der RTL-Unterhaltungschef Tom Sänger. Auch auf der RTL-Homepage hieß es großspurig: «Wir wollen mit diesem Format einerseits den betroffenen Familien eine Hilfestellung bieten, andererseits aber auch dem Zuschauer anhand von unterschiedlichen Fällen Lösungsansätze für Probleme in der eigenen Familie aufzeigen.» Die Botschaft sollte lauten: Ihr seid mit euren Problemen nicht allein.

Die Sendung sollte sozusagen einen kathartischen Effekt bei den Zuschauern haben und sie beruhigen, indem sie sehen, dass andere in der Erziehung noch katastrophaler scheitern. Vielleicht war deshalb selbst der damalige niedersächsische Ministerpräsident Christian Wulff so begeistert von dem Format, denn er spendete indirekt seinen Segen, indem er meinte: «Es gibt mehr Sendungen darüber, wie man mit Tieren umgeht, als wie man Kinder erzieht.»

Im Endeffekt stellten sich Problemfamilien für eine Entschädigung von 2000 Euro einem Casting, in dessen Rahmen die «Nanny» in jeder Familie sechs bis sieben Tage mit Kamerabegleitung verbrachte. Ein Bruchteil davon wurde dann am Ende gesendet. Realiter kam meist nur Biederes heraus – siehe die im November 2005 von RTL veröffentlichten «Nanny-Regeln für Eltern & Kinder zum Ausdrucken». Darunter finden sich folgende: «Kinder bleiben beim Essen am Tisch sitzen! Kein Fernsehen beim Essen! Spielzeug wird nicht kaputt gemacht! Kinder werden nicht geschlagen!»

Es ist nicht anzunehmen, dass die Fernsehmacher von RTL das Nanny-Format deshalb in Szene gesetzt haben, um ihr eigenes schlechtes Gewissen zu beruhigen, das die Macher durchaus haben könnten, denn sie belästigen ihre Zuschauer bekanntermaßen eher nicht mit bildungs- und erziehungsfördernden Programmen.

Wer bei dieser Sendung mitmachte – als Protagonist und als Zuschauer –, bestätigte im Grunde Richard Sennetts Buchtitel vom «Verfall und Ende des öffentlichen Lebens», vor allem den Untertitel «Die Tyrannei der Intimität». Denn die Nanny-Sendung steht dafür, dass das neue Verhältnis von Privatheit und Öffentlichkeit inzwischen im Bereich Erziehung angekommen ist. Mit dem Bloßstellen von Privatheit hatte das wahrlich viel zu tun. Sie bediente den Voyeurismus der Zuschauer, die sich an den Problemen einer anderen Familie meinten ergötzen oder fortbilden zu können. Und sie förderte den Exhibitionismus, ja die totale, als authentisch verkaufte Selbstoffenbarung der Teilnehmer. Der Deutsche Kinderschutzbund sowie Fachleute, Pädagogen und Psychologen kritisierten zu Recht, dass hier Kinder als Objekte vorgeführt und in einzelnen Folgen sogar gewalttätige Übergriffe von Eltern gezeigt würden. Kritisch hinterfragt wurde schließlich, ob nach dem Besuch der Super-Nanny in den Familien nicht oft genug Trümmer hinterlassen worden waren. Und einige Zyniker stellten sogar fest, dass während der sieben Jahre, in denen es dieses Sendeformat gegeben hatte, die Geburtenrate in Deutschland weiter zurückgegangen sei. Einige Zyniker malten sogar die Horrorvision an die Wand, dass weitere sieben mediale Nanny-Jahre die Geburtenrate in Deutschland noch weiter nach unten treiben würden.

Elternkurse und Elternführerschein

Elternkurse haben Konjunktur, der großen allgemeinen Verunsicherung sei Dank. Es ist doch klar: Eltern, die ein perfektes Kind haben wollen, spüren, dass sie dies nur haben können, wenn sie selbst perfekte Erzieher sind. In der Folge ist der Markt für Elterntrainings auf eine schier unüberschaubare Anzahl angestiegen. Freilich haben sich alle Anbieter programmatisch dasselbe auf die Fahnen geschrieben: «Wir wollen eine Stärkung der Erziehungskompetenz der Eltern.»

Eltern haben dann – auch in Deutschland – die Wahl zwischen zahllosen Angeboten. Hier nur eine kleine Auswahl: Elternkurse nach Thomas Gordon, «Die neue Erziehungskonferenz»; Kess-erziehen (Kess = kooperativ, ermutigend, sozial, situationsorientiert); OPSTAPJE – Schritt für Schritt; Starke Eltern – Starke Kinder; STEP – Systematic Training for Effective Parenting; PeKiP = Prager-Eltern-Kind-Programm; Triple P = Positive Parenting Program, PEP4Kids, PEP4Teens; Early Excellence

Centres mit Sure-Start-Programms; HIPPY = Home Instruction for Parents of Pre-school Youngsters.

An die hunderttausend deutsche Eltern haben bereits «Triple P» gepaukt oder eines der anderen Seminare absolviert. 300 Euro und mehr haben sie dafür ausgegeben. Übrigens: Seit 2000 werden Elternkurse sogar staatlicherseits angeregt. Mit dem Gesetz zur Ächtung von Gewalt in der Erziehung war den Trägern der Jugendhilfe die Aufgabe gestellt worden, Eltern Wege aufzuzeigen, wie Konfliktsituationen in der Familie gewaltfrei gelöst werden können. Zusätzlich wurde ihnen eine finanzielle Förderung in Aussicht gestellt.

Die Hauptkritik, was all diese Kurse angeht, läuft in zwei Richtungen: Kritikpunkt Nummer eins ist, dass diese Programme in ihrer Wirksamkeit nicht oder kaum überprüft, also evaluiert würden. Kritikpunkt Nummer zwei gilt dem in den Kursen oft vermittelten mechanistischen Verständnis von Erziehung. Dabei wäre es das wichtigste Ergebnis des Besuchs von Elternkursen, dass die Eltern danach verinnerlicht hätten, dass sie nicht perfekt sein müssen und auch nicht perfekt sein können.

Brauchen wir also eine Elternschule? Ja und nein. Gewiss, manche Eltern bräuchten dergleichen, aber diese Eltern erreicht man mit keiner Schulung. Zwingt man sie dennoch dazu hinzugehen, dann lassen sie sie über sich ergehen. Würde eine Elternschule zur allgemeinen Pflicht werden, fühlte man sich wahrscheinlich in Erich Kästners 1931 erschienenen Roman «Der 35. Mai» katapultiert, in dem alle Eltern, die angeblich versagt hatten, in eine Elternschule geschickt wurden. Im Kapitel «Die verkehrte Welt» findet sich dort die Beschreibung einer solchen Schule. Die Eltern sind die Schüler, und die Kinder sind die Erzieher. Die Schule trägt den Namen «Den schwererziehbaren Eltern gewidmet».

Denn: «Es gibt bekanntlich nicht nur nette Eltern, sondern auch sehr böse. [...] Wenn sich nun diese bösen Eltern gar nicht ändern wollen und wenn sie ihre Kinder zu Unrecht strafen oder quälen [...], so werden sie hier eingeliefert und erzogen.» Die Erziehungsmethode ist eindeutig. Das Mädchen Babette beschreibt die Methode: «Wir vergelten ihnen Gleiches mit Gleichem. Das ist zwar nicht hübsch, aber notwendig ist es.»

Kurzum: Elternschulen sind bei allen guten Absichten eine ambivalente Angelegenheit, denn die Erziehung von Kindern kann nicht rezeptologisch auf wissenschaftliche Befunde oder subjektive Erfahrungen von Trainern reduziert werden. Sie setzt eine individuelle Beziehung zum Kind voraus, die sich nicht mit Formeln fassen lässt. Gerade wenn sich Erziehungsberatungen zu einer stark wachsenden Branche entwickeln, sollte man darauf achten, dass sich Berater nicht zwischen Eltern und Kind drängen.

Vor allem aber sind professionelle Elterntrainings geeignet, das Selbstvertrauen der Eltern noch mehr zu erschüttern. Deshalb sind viele dieser Schulungsangebote ein Affront gegen die Würde einer jeden Mutter und eines jeden Vaters, gegen die natürliche Lebensklugheit einer jeden Großmutter und eines jeden Großvaters. Statt sich vermeintlichen Profis anzuvertrauen, sollte man öfter mal die eigenen Eltern oder erfahrene Eltern des eigenen Freundes- und Bekanntenkreises um Rat fragen.

Der Versuch einer Professionalisierung der Elternschaft bringt nichts, auch wenn noch so viele schlaue Leute medienwirksam einen Elternführerschein fordern: Vertreter des Kinderschutzbundes und etliche Professoren möchten, dass die Teilnahme an solchen Kursen zur Pflicht und die Auszahlung des Kindergelds vom Besuch eines solchen Kurses abhängig gemacht werde. Die umwerfende Analogie lautet: Für das Autofahren braucht man einen Führerschein, für das Erziehen von Kindern nichts Vergleichbares. Autofahren ist ja auch so leicht definierbar, dass es einfache Verhaltensrezepte gibt – für das Kindererziehen existieren die definitiv nicht. Trotzdem kommen immer wieder Parteien und Gruppen zu Wort, die sich mit der Forderung nach einer gezielten Schulung von Eltern meinen profilieren zu müssen: Bündnis 90/Die Grünen fordern, Schulen zu «Kinder- und Familienzentren» weiterzuentwickeln, unter anderem unter Beteiligung der Volkshochschulen und im Rahmen von «Mütterkursen». Auch aus bürgerlichen Parteien kommt regelmäßig der Vorschlag, staatlicherseits etwa Gutscheine für Elternbildungskurse auszugeben, die dann bei Kirchen, Volkshochschulen und anderen Bildungsträgern eingelöst werden können.

Solch erzieherisches Outsourcing riecht sehr nach Verstaatlichung von Erziehung und nach Sozialpädagogisierung der gesamten Gesellschaft. Eltern, so sie ihre Kinder nicht seelisch oder körperlich misshandeln oder verwahrlosen lassen, brauchen keine pädagogischen Lektionen und Belehrung durch den Staat. Oder will der vermeintlich erzieherisch omnipotente Staat Eltern wie großgewordenen Kindern eine Lektion erteilen? Das kann nicht sein, denn Aufgabe des Staates ist die Bildung und das Sicherstellen eines geeigneten Rahmens, Aufgabe der Eltern die konkrete Erziehung der Kinder. In der Art, wie sie das machen, müssen Eltern frei bleiben. Aufgabe des Staates kann definitiv nicht das Erziehen von Eltern sein.

Dem Staat traut man offensichtlich alles zu, den Eltern nichts. Und der Ruf nach staatlichen Regelungen scheint gerade in Deutschland besonders laut zu sein. So lange ist es noch nicht her, dass ein SPD-Generalsekretär namens Olaf Scholz für den

Staat – oder seine Partei? – die Lufthoheit über den Kinderbetten forderte. Und die vormalige Bundesfamilienministerin Renate Schmidt meinte: «Viele Kinder wissen nicht, was Liebe ist. Da kann der Staat helfen.» Norbert Blüm liegt mit seiner plakativen Beschreibung also richtig, wenn er in einem *FAZ*-Beitrag formuliert: «Die Erziehung wird verstaatlicht, die Kindheit enteignet und die Familie sozialisiert.» Dabei ist die Frage noch nicht im entferntesten beantwortet, wer denn eigentlich darüber entscheiden soll, welche Erziehungsziele, Inhalte und Grundsätze vermittelt werden.

Immer alles unter Kontrolle

Überbehütung wird gern als besonders verantwortungsvolles Erziehen angesehen. So, als wäre ein Kind ein total zerbrechliches Wesen. Das ist aber nicht der Fall. Deshalb ist Überbehütung bis hin zur Rundumkontrolle ein Fehler. Eltern müssen nicht wie der Riese Argus hundert Augen haben, von denen abwechselnd ein Teil schläft, ein anderer Teil wacht.

Natürlich ist es notwendig, Gartenteiche zu umzäunen, wenn man kleine Kinder hat, zuschütten muss man sie deshalb aber nicht. Und es ist auch gut, dass vieles heute TÜV-tauglich sein muss: Kinderwagen, Steckdosen, Elektrogeräte, Spielplatzgeräte. Man kann das obsessive Sicherheits- und Gesundheitsdenken aber auch übertreiben, so wie es ein Vater tat, der ohne Rücksprache mit der Schule einen Fachmann für Elektrosmog zur Messung in das Schulgebäude schickte, weil darauf angeblich ein Mobilfunksendemast stehe. Tatsächlich handelte es um eine alte, nicht mehr funktionstüchtige Fernsehantenne, die man nicht abgebaut hatte.

Sorge um die Kinder darf nie zur Rundumüberwachung werden. Vielmehr bewirken Ängste, die daraus entstehen, immer Horrorvorstellungen, die dazu führen, dass es nicht bei der elterlichen Kontrolle der Telefonprotokolle, der Tagebücher und des E-Mail-Verkehrs der Kinder bleibt. Am liebsten würden manche Eltern ihren Kindern Chips einpflanzen, um sie ständig via GPS orten zu können. Und es gibt sie schon, die Armbanduhren mit Satellitenortung. Den elektronischen Fußfesseln für Verbrecher gleichend, ermöglichen sie eine lückenlose Überwachung des Nachwuchses. Eine Mutter oder ein Vater kann dabei elektronisch sogar einen Bereich abstecken, in dem die Kinder sich bewegen dürfen. Verlassen sie ihn, wird ein Alarm ausgelöst.

In der *Süddeutschen Zeitung* erschien eines Tages ein Artikel über die neuesten Auswüchse der Kindersicherheitsindustrie. Es ging um GPS-Armbändchen für Neugeborene zum Schutz vor Verwechslungen und um Kinderhandys mit «Betreuungsfunktionen». Man kann darin Radiusgrößen eingeben, die das Kind nicht überschreiten soll. Tut es das dennoch, wird automatisch eine SMS auf das Smartphone der Eltern geschickt. Nach dem Erscheinen des *SZ*-Artikels, der mit viel Ironie geschrieben worden war, stand das Redaktionstelefon nicht mehr still: Eltern und Großeltern riefen in der Redaktion an und wollten wissen, wo man all diese tollen Produkte kaufen könne und welche denn am besten seien. Dieselbe Zeitung berichtet am 9. Februar 2013 von einem Vater in Vermont, der aus einem ferngesteuerten Spielzeughubschrauber und einem Smartphone eine private Überwachungsdrohne bastelte und seinem Sohn, einem Schulanfänger, einen Sender in den Schulranzen steckte. Von zu Hause oder vom Büro aus konnte er nun verfolgen, ob der Junge die 400 Meter lange Strecke vom Elternhaus zum Schulbus bewältigte.

«Parents' Watch» heißt das auf Englisch. «Big Parents' Watch» wäre in Anlehnung an George Orwells «Big Brother» und seine düstere Vision «1984» noch zutreffender. Eltern verwanzen die Telefone ihrer Kinder, installieren heimlich Kameras in ihren Zimmern und schicken von den Kopfkissen aufgeklaubte Haarsträhnen zur Drogenanalyse ins Labor. Das geht teilweise so weit, dass Eltern in den Kindergärten Videokameras installiert haben möchten, um jederzeit aus der Entfernung nach ihrem Kind schauen zu können. Für England beschreibt es der Soziologe Frank Furedi so: Die Londoner Kindertagesstätte «Happy Times» mit ihren 119 Plätzen brüste sich mit der neuesten Sicherheitstechnologie, inklusive einem Handflächen-Erkennungssystem. Und der Crawford-Kindergarten in London sei die erste Kindertagesstätte, von der aus die Eltern ihre Kinder von zu Hause oder von ihrem Büro aus mit Hilfe der Videoüberwachung in den Kita-Räumen beobachten könnten. Man hat den Eindruck, dass der Sicherheitswahn der Eltern mit den technischen Möglichkeiten der Überwachung nicht gedämpft wird, sondern sogar noch wächst.

Vielleicht ist es da kein Wunder, wenn sich zulasten der motorischen und gesundheitlichen Entwicklung der Kinder ihr Mobilitätsradius in den letzten zwei Jahrzehnten erheblich verringert hat. Der britische «Children's Play Council» spricht von einer Verringerung um 80 Prozent. Und die schwedische 40 000-Einwohner-Stadt Trollhättan hat dazu eine Erhebung gemacht: 1925 hatten Kinder einen Mobilitätsradius von 6,5 Kilometern, 1950 von 1,5 Kilometern, 1975 von 500 Metern und 2000 von 100 Metern. Man könnte sagen: Herumstreunende Pippi Langstrumpfs, Huckleberry Finns und Lausbuben wie aus Ludwig Thomas Feder sind ausgestorben.

Das Thema «Schulweg» oder die Anfahrt zu Schulveranstaltungen ist ein Kapitel für sich. Hier liegen die Sorgen und Befürchtungen der Eltern um Lichtjahre neben der Realität, wie folgende Beispiele zeigen. Da gibt es das Elternpaar, das sich weigert, das eigene Kind mit dem Bus zum Skikurs mitfahren zu lassen, und darauf besteht, es selbst mit dem eigenen Auto hinzubringen. Begründung: Wenn mit Bussen etwas passiere, gebe es gleich immer viele Tote. Und da haben wir die Mutter, die ihre fast volljährige Tochter mit dem Wagen quasi bis vor die Tür des Unterrichtsraums fährt, weil es gerade zu regnen begonnen hat, die damit die Schulzufahrt blockiert und die voller Entrüstung auf den Hinweis, solche Taxidienste müssten doch nicht sein, antwortet: «Was ich als sicher für meine Tochter erachte, entscheide immer noch ich!»

Laut Forsa-Umfrage von Ende 2012 macht sich nur jeder zweite deutsche Grundschüler allein auf den Schulweg. 1970 waren es noch 91 Prozent. Etwa die Hälfte aller 6- bis 14-jährigen Heranwachsenden wird nach einer «Mobilitätsstudie» der Universität Essen zur Schule begleitet. Zwanzig Jahre zuvor war es ein Zehntel der Kinder.

Dabei wäre der eigenständige Schulweg gesundheitlich und sozial so wichtig: Die Kinder bewegen sich und pflegen Kontakte. Außerdem sind Kinder, die am Morgen zu Fuß zur Schule gegangen sind, im Unterricht konzentrierter, ruhiger, und sie nehmen aktiver teil. Statt einen spannenden Schulweg zurückzulegen, werden die Kinder zu einer langweiligen Fahrt mit dem Auto gezwungen.

Die Grenzen zwischen Vorsicht und Panik scheinen bei einigen Eltern zu verschwimmen. Durch die Köpfe mancher Eltern geistert womöglich sogar die Angst, ein Kinderschänder könnte dem Kind auflauern. Aber auch das ist maßlos übertrieben: Mehr als 90 Prozent der Fälle von Kindesmissbrauch und Kindesmisshandlung geschehen im nächsten Umfeld der Familie. Von den – für sich gesehen erschreckend vielen – rund einhundert Kindern, die in Deutschland jährlich durch Gewaltverbrechen zu Tode kommen, sind zwei bis drei Opfer eines unbekannten Täters. Auch hat die Zahl der Kindesentführungen nicht zugenommen, zugenommen hat nur das mediale Interesse daran. Der polnische Arzt und Pädagoge Janusz Korczak sagte einmal: «Aus Furcht, der Tod könnte uns das Kind entreißen, entziehen wir es dem Leben. Um seinen Tod zu verhindern, lassen wir es nicht richtig leben.» Diese Warnung passt hierher. Früher gab es außerdem keine Fahrradhelme, weniger Fußgängerampeln, keine Schülerlotsen. Das ist heute anders. Deswegen und trotz eines um das Mehrfache angestiegenen Verkehrsaufkommens ist die Zahl der im Straßenverkehr getöteten Kinder deutlich gesunken. Selbst der Allgemeine Deutsche Fahrradclub konstatierte 2012: «Der Schulweg ist in jeder Hinsicht sicherer als sein Ruf.»

Stattdessen richten Eltern vor den Schultoren oft ein Chaos an, das die Unfallgefahren durchaus erhöht. Vor allem dann, wenn sie falsch parken müssen, um dem Kind den Ranzen zu tragen und noch einmal die Schnürsenkel zu binden. Sie sorgen aber nicht nur für ein Durcheinander vor den Schultoren, sondern machen den Weg zur Schule oft erst gefährlich, weil sie andere zu riskanten Wendemanövern zwingen.

Natürlich gibt es keine allgemeinverbindliche Regel, wann ein Kind alleine in die Schule gehen kann. Das hängt vom Schulweg und der Verkehrstauglichkeit des einzelnen Kindes ab. Aber mit dem Fahrrad zur Schule zu fahren, das sollte beim Übergang von der Grundschule in die weiterführende Schule und nach bestandener Fahrradprüfung Standard sein. Kann ein Kind ohne einen Erwachsenen zur Schule gehen, dann werden es die Eltern sicher noch eine Zeitlang beobachten, um zu sehen, ob es sich im Straßenverkehr vorsichtig genug verhält. Ist der Weg zur Schule zu Fuß wegen der Verkehrslage dennoch nicht zu verantworten und sollten die Eltern nach reiflicher Überlegung das eigene Auto als Taxi nutzen wollen, dann bietet es sich noch immer an, die Kinder besser einige hundert Meter vor der Schule aussteigen zu lassen.

Im Internet findet sich mehrere hundert Mal ein Rundbrief an «Alle vor 1978 Geborenen» – so der Google-Suchbegriff –, dessen Urheber nicht ausfindig zu machen ist. Er sei dennoch nachfolgend in gekürzter Fassung wiedergegeben, weil er mit Augenzwinkern darstellt, wie sich Elternschaft und Kindheit seitdem verändert haben: «Wenn du als Kind in den fünfziger, sechziger oder siebziger Jahren aufgewachsen bist, ist es rückblickend kaum zu glauben, dass du überleben konntest. Als Kinder saßen wir in Autos ohne Sicherheitsgurte und ohne Airbags. Die Fläschchen aus der Apotheke konnten wir ohne Schwierigkeiten öffnen, genauso wie die Flasche mit Bleichmittel. Auf dem Fahrrad trugen wir nie einen Helm. Wir bauten Wagen aus Seifenkisten und entdeckten während der ersten Fahrt den Hang hinunter, dass wir die Bremsen vergessen hatten. Wir blieben den ganzen Tag weg und mussten erst zu Hause sein, wenn die Straßenlaternen angingen. Niemand wusste, wo wir waren, und wir hatten nicht mal ein Handy dabei. Wir haben uns geschnitten, brachen Knochen und Zähne und niemand wurde deswegen verklagt. Niemand war schuld, außer wir selbst. Wir kämpften und schlugen einander manchmal bunt und blau. Damit mussten wir leben, denn es interessierte den Erwachsenen nicht. Wir aßen Kekse, Brot mit dick Butter drauf, tranken sehr viel und wurden trotzdem nicht zu dick. Wir gingen einfach raus und trafen die anderen auf der Straße. Oder wir marschierten zu deren Heim und klingelten. Keiner brachte uns und keiner holte uns … Beim Straßenfußball durfte nur mitmachen, wer gut war. Wer nicht gut war, musste lernen, mit Enttäuschungen klarzukommen. Manche Schüler waren nicht so schlau wie andere. Sie rasselten durch Prüfungen und wiederholten Klassen. Das führte nicht zu emotionalen Elternabenden oder gar zur Änderung der Leistungsbewertung. Unsere Taten hatten manchmal Konsequenzen. Wenn einer von uns gegen das Gesetz verstoßen hat, war klar, dass die Eltern ihn nicht aus dem Schlamassel heraushauen. Im Gegenteil: Sie waren der gleichen Meinung wie die Polizei! Unsere Generation hat eine Fülle von innovativen Problemlösern und Erfindern mit Risikobereitschaft hervorgebracht. Wir hatten Freiheit, Misserfolg, Erfolg und Verantwortung. Mit alldem wussten wir umzugehen.»

Alex Rühle setzt diese Liste in der *SZ* vom 9. April 2010 unter dem Titel «Die spinnen, die Eltern – Wie Angst und Ehrgeiz die Kindheit auffressen» süffisant fort: «Es ist schlichtweg nicht zu erklären, wie all diese Menschen ihre Kindheit überlebt haben: [...] Waren nachmittags unbeaufsichtigt draußen. Auf Spielplätzen ohne angeschlossenes Muttercafé! Manche Kinder machten angeblich Lagerfeuer, ja, es soll welche gegeben haben, die alleine auf hohe Birken kletterten und dort mit Hämmern und Nägeln Baumhäuser gebaut haben. Mit Nägeln! Aus tödlich spitzem Stahl!»

Gewöhnt an Einmischung

Gewiss haben Eltern ein Recht, über die schulische Entwicklung ihres Kindes auf dem Laufenden gehalten und über die Gründe einer Entscheidung der Schule aufgeklärt zu werden. Man kann es aber auch übertreiben. Einmischen in Schule ist in. Das tut der Papa, der mit einem Anwalt droht, weil ein Schulbusfahrer seinen Sohn zu Recht, aber eben heftig ermahnt hat. Das tut die Mama, die es lautstark für eine Frechheit hält, dass ein Lehrer ihrer Tochter während des Unterrichts das Handy abgenommen und damit die Vereinbarung eines Abholtermins unmöglich gemacht hat. Das tun die Eltern, die einen Lehrer aus dem Bekanntenkreis bemühen, er möge doch die Leistungsnachweise des eigenen Sprosses nachkorrigieren, und die schon mal wegen einer Note Drei mit juristischen Schritten drohen. Das tut das Mütterquartett, das der Klassenlehrerin erklärt, wie man eine motivierte Klasse durch auflockernde Entspannungs- und Funktionsübungen bekommt und obendrein die Intelligenz der Kleinen fördert.

Heftigstes Einmischen ist ferner angesagt bei Eltern, denen weder eine Note noch ein Lehrer behagt. Deren Briefe haben dann in etwa folgenden Wortlaut: «Sehr geehrte Schulleitung, mit der Benotung der Deutscharbeit meines Sohnes (Note Sechs) bin ich überhaupt nicht einverstanden. Ich beantrage, dass Sie eine objektive Nachkorrektur durch eine unabhängige Fachkraft anordnen ...» Oder: «Mein Sohn fühlt sich angesichts der jeweils halben Seite, die er zu den Fragen zwei, drei und vier geschrieben hat, mit Note Fünf absolut ungerecht bewertet ...» Oder: «Außerdem erwarte ich, dass Sie der Klasse meines Sohnes im zweiten Halbjahr einen anderen Mathematiklehrer zuweisen ...»

Wie oft dergleichen in Deutschlands Schulen täglich geschieht, lässt sich nicht erfassen. Aber es geschieht, und zwar immer häufiger und nicht nur im Rahmen innerschulischer Einwendungen, sondern mit Klagen bis hinauf zu Verwaltungsgerichten.

Eine stichprobenartige Erhebung des Deutschen Lehrerverbandes hat dazu für 2012 in etwa folgendes Bild ergeben: Je nach Verwaltungsgericht liegen pro Jahr zwischen 30 und 120 Klagen vor. Diese richten sich – grob kategorisiert – etwa zur Hälfte gegen Notenentscheidungen, Sitzenbleiben, Nichtzulassung zum Abitur sowie zu je einem Viertel gegen die Nichtaufnahme eines Schülers in eine bestimmte Schule und gegen Disziplinarmaßnahmen der Schule. Längst gibt es Anwälte, die auf Streitereien mit Schulen spezialisiert sind, zum Beispiel wenn es um eine Einzelnote, um die Abiturnote oder um eine Ordnungsmaßnahme der Schule geht (etwa die Versetzung in eine Parallelklasse oder den Ausschluss von einer Klassenfahrt). Das kommt die Eltern unter Umständen ganz schön teuer zu stehen. Der Streitwert für ein Abiturzeugnis liegt in der Regel bei 5000 Euro, bei einem Rechtsstreit fallen dann rund 1000 Euro an Gebühren an – die man sich in den allermeisten Fällen hätte sparen können. Denn der Großteil der Klagen wird abgelehnt oder durch Klagerücknahme erledigt. Die Aussichten, dass einer Klage stattgegeben wird, sind sehr gering. Bei den meisten deutschen Verwaltungsgerichten, die angefragt wurden, tendieren diese Aussichten gegen null. Das hat nichts mit der Art der Rechtsprechung der Gerichte zu tun, sondern damit, dass schulischen Entscheidungen in der Regel keine formalen Fehler angelastet werden können.

Ein besonders beliebtes Feld elterlicher Einmischung sind die

Hausaufgaben. Manchmal hat man den Eindruck, Eltern wollen sich mit perfekten Hausaufgaben sowie mit optimalen Vorbereitungen auf den Unterricht und auf Prüfungen ihrer Kinder selbst beweisen. Entgegen dem Grundsatz, dass all dies in die Verantwortung der Kinder, nicht der Eltern fällt, mischen sich Eltern hier über Gebühr ein. Laut erster und zweiter JAKO-O-Bildungsstudie – in Auftrag gegeben vom Hersteller von Spielwaren und Kinderkleidung namens Habermaaß GmbH und durchgeführt von Emnid 2010 und 2012 – geben von den jeweils 3000 befragten Eltern 74 bzw. 77 Prozent an, sie würden gezielt vor Klassenarbeiten und Referaten helfen. Laut Monitor Familienleben 2011 des Instituts für Demoskopie Allensbach meinen 27 Prozent der Eltern, in der Schule werde heute so viel verlangt, dass man die Kinder zusätzlich fördern müsse.

Eigentlich sollten sich Eltern aus den Hausaufgaben heraushalten. Die Lehrer wollen nicht sehen, wie toll Vater und Mutter eine Matheaufgabe oder eine Übersetzung hinkriegen, sondern Lehrer wollen sehen, wie gut ein Kind mit einer Aufgabe zurechtkommt, um im Bedarfsfall im Unterricht nachzusteuern. Sogar die Kinder selbst wissen darum, dass ein Zuviel an elterlicher Hausaufgabenbetreuung und Hausaufgabenerledigung schädlich ist. In einer Umfrage der Zeitschrift *Eltern family* vom Oktober 2007 gab das Gros der befragten Schüler an, dass viele ihrer Mitschüler deshalb in der Schule nicht gut seien, weil ihre Eltern ihnen bei den Hausaufgaben immer helfen würden.

Aufgabe der Eltern ist es, in Absprache mit dem Kind für einen sinnvollen zeitlichen Rahmen zu sorgen, in welchem das Kind seine Schularbeiten ungestört erledigen kann. Hat sich das Kind in einen festen Hausaufgabenrhythmus eingefunden, genügt es, nur noch stichprobenweise zu kontrollieren. Erledigt ein Kind seine Aufgaben aus Nachlässigkeit oder aus Trotz nicht, sollte man es dem Lehrer überlassen, das Kind zur Verantwortung zu ziehen.

Nicht selten bemitleiden die Eltern ihre Kinder sogar ob deren Hausaufgabenpflichten – oder sie kritisieren die Lehrer, weil sie angeblich zu viel aufgegeben oder den Stoff nicht gut genug erklärt hätten. Dabei wissen manche Eltern, die sich über ein Zuviel an Hausaufgaben beschweren, gar nicht, dass ihr Kind deshalb so lange braucht, weil es die Zeit in der Schule vertrödelt.

Eltern mischen sich als «pressure group» sogar weit über die Schule hinaus in das Leben ihrer mittlerweile erwachsenen Kinder ein. Ein führendes US-Unternehmen aus dem Bereich «Business-Service-Management» namens «nGenera Corporation» berichtete im Jahr 2007 von «Helicopter Parents in the Workplace». Danach werden Eltern bei Arbeitgebern, Universitäten, ja sogar bei der Armee vorstellig, um für ihre Kinder etwas herauszuholen. Es wird ferner berichtet, dass den Kindern diese Interventionen der Eltern nicht einmal peinlich seien. Manche Eltern verlangten nach der Ablehnung einer Bewerbung sogar eine Mediation unter Beteiligung von Firmenchef, Eltern, Sohn bzw. Tochter und Anwalt. Die Michigan State University stellte im Rahmen einer Befragung von 700 Firmen fest, dass bei einem Drittel der Bewerbungen die Eltern und nicht die eigentlichen Aspiranten die Unterlagen eingereicht hatten. Begonnen hat diese Attitüde laut Autoren bereits in den 1980er Jahren, als die Wunschkinder ab der Zeit der Antibabypille ins junge Erwachsenenalter kamen. Auch für Deutschland berichten Firmen- und Personalchefs davon, dass Eltern ein Schnupperpraktikum in der Firma machen wollten, um zu sehen, ob das die richtige Stelle für die Tochter bzw. den Sohn sei. Andere Eltern wollten sich in die Verhandlungen um einen Arbeitsvertrag ihres erwachsenen Kindes einmischen.

Umklammerung bis ins Erwachsenenalter

Doch die überzogene Umklammerung des Kindes beginnt bei einigen Eltern schon von Anfang an, im Säuglingsalter. Festmachen kann man das u. a. an der mehr als emotional geführten Debatte um das «Ob» und «Wie lange» des Stillens, wobei das bestimmende Moment die Stilldauer ist, die möglichst lang zu sein habe.

Gestillt werden bis kurz vor dem Schuleintritt und dann bis ins vierte Lebensjahrzehnt bei Mama zu Hause bleiben? Was wie eine Karikatur der Realität wirkt, kann Wirklichkeit sein, zumindest wenn es nach den Vorstellungen von Langzeitstillerinnen geht. Das Magazin *Time* hatte sich dieses Themas im Mai 2012 angenommen, nachdem sich in den USA bereits zehn Jahre zuvor – und offenbar nachhaltig wirkend – ein Kreuzzug für das Stillen formiert hatte. Auf dem *Time*-Titelbild ist auf einem Schemel stehend ein dreijähriger Junge abgebildet, dem seine 26-jährige Mutter, Jamie Lynne Grumet, die Brust gibt. «Are you mom enough?», lautet die große Headline. Die Mutter, die selbst noch als Sechsjährige gestillt worden war, ist Anhängerin der Attachement-Parenting-Bindungstheorie, die vorgibt: Stillen Sie, bis es nicht mehr geht. Lassen Sie Ihr Kind im Elternbett schlafen, bis es als Halbwüchsige beziehungsweise Halbwüchsiger von selbst nicht mehr will.

Welches Verhältnis Jamie Grumet einmal zu ihrem Sohn haben wird, wenn dieser dreißig Jahre alt ist, wissen wir nicht. Mit großer Wahrscheinlichkeit wird er sich im Hotel «Mama» eingenistet haben. Seltsam: Während draußen die Globalisierung immer mehr Lebensbereiche erfasst, werden Zöglinge gleichzeitig zu Nesthockern. Immer häufiger ist statt weiter Welt das kleine Nest angesagt. Und Eltern klammern gerne, haben sie doch im Schnitt in Deutschland nur 1,36 Kinder. Da ist der Trennungsschmerz heftiger, als wenn man ihn vor Jahrzehnten mit drei oder vier Kindern mehrere Male aushalten musste und allmählich Übung darin gewann oder durchaus aus finanziellen Gründen zufrieden war, wenn die Kinder flügge geworden waren.

Heute aber haben wir die paradoxe Situation, dass so manche Eltern ihr Kind bis zum Gehtnichtmehr «pushen» und «tunen», damit es im globalisierten Haifischbecken bestehen kann. Gleichzeitig schirmen sie diese Welt von den Kindern ab. Und am Ende ist der Nachwuchs noch in einem Alter von zu Hause abhängig, in dem seine eigenen Eltern und Großeltern selbst schon Kinder hatten. Die Adoleszenz zieht sich damit oft bis zum 35. Geburtstag hin. Das sind 20 Jahre. Früher dauerte sie längstens sieben bis acht Jahre.

Psychotherapeuten haben dafür den Begriff «Peter-Pan-Syndrom» geprägt nach dem Protagonisten der ab 1902 erschienenen Kindergeschichten von James Matthew Barrie. Das im «Neverland» lebende Kind will nie erwachsen werden, denn dort erfüllen sich die Dinge bereits, wenn man nur daran glaubt. Dort sind ewige Kindlichkeit und Sorglosigkeit angesagt.

Hotel «Mama» für immer

Hotel «Mama» gibt es schon lange Zeit, vor allem in Italien – und nicht nur wegen der traditionell hohen Arbeitslosigkeit unter Jugendlichen. Aber dass sie zu lange zu Hause bleiben, ist heute nicht mehr nur dort so. Die Statistik des Hochschul-Informations-Systems (HIS) von 2011 spricht für sich, denn es lebt mehr als die Hälfte der Studenten in Italien, auf Malta, in Spanien und Polen zu Hause. Europaweit sind es etwa 20 Prozent im Alter zwischen 25 und 34, die noch bei den Eltern leben – junge Männer häufiger als junge Frauen. Im EU-Durchschnitt 34 Prozent der Männer und 21 Prozent der Frauen. Deutschland liegt hier noch nicht über dem Mittelwert. Hier sind während des Studiums 20 Prozent der Männer und 10 Prozent der Frauen noch zu Hause. Allerdings kehren auch viele noch nach dem Studium als «Boomerang Kids» zurück. Die Motive hierfür mögen unterschiedlich sein. Nachvollziehbar ist die Rückkehr ins Elternhaus, wenn sie aus finanziellen Nöten oder mit einer fehlenden Arbeitsstelle zu tun hat. Bedenklich aber ist sie, wenn verweigerte Abnabelung oder reine Bequemlichkeit Gründe für die Rückkehr sind.

Kinder müssen sich abnabeln dürfen, selbst wenn es die Eltern schmerzt. Namhafte große Psychologen konnten belegen, wie wichtig die Loslösung vom Elternhaus ist. Robert J. Havighurst etwa hat es als zentrale Entwicklungsaufgabe des Jugendalters beschrieben, die Ablösung von der Familie zu vollziehen. Erik Erikson hat sogar den Begriff eines «Psychosozialen Moratoriums» geprägt. Er meint damit eine Art Karenzzeit, in der ein Heranwachsender beginnt, sich von den Eltern zu lösen.

Eine Universität für Eltern und Kinder

Was Bildungsinstitutionen des tertiären Bereichs seit einiger Zeit bieten, erleichtert freilich dieses Loslösen nicht gerade. Mittlerweile stolziert nämlich der frisch immatrikulierte Student an Mamis oder Papis Händchen in und durch die Universität. Seit 2005 gibt es an deutschen Hochschulen Informationsveranstaltungen speziell für Eltern – in Münster, Cottbus, Freiburg, Berlin oder Konstanz etwa. Ganze Informationswochenenden bietet man Eltern an, um ihnen die Uni vorzustellen. Die Touristeninformation Konstanz freut sich über die Beliebtheit der Aktion «Eltern auf dem Campus», das Beiprogramm mit Weinproben und Schiffchenfahrt fand regen Anklang. So gesehen war die Talkrunde bei «hart aber fair» vom 16. Juli 2012 mit ihrem Thema «Umsorgt vom Kreißsaal bis zum Hörsaal» nicht ganz realitätsfern.

Solche Realitäten werden längst auch in den USA kritisch beleuchtet: Es ist von einem «hyper-parenting», von «over-scheduled», «over-stimulated», «over-indulged kids» die Rede: «The pressure to manage every detail of our children's lifes from in utero trough college is overwhelming.» Dabei haben spätere Studenten die Universität sogar in Deutschland womöglich schon im Grundschulalter kennengelernt, nämlich seit 2002 als Kinder-Unis an mittlerweile rund 50 deutschen Hochschulen. Ob das nun als Infantilisierung der Universitäten oder als Akademisierung der Kindheit zu werten ist, sei dahingestellt.

Und noch eins: Ein erheblicher Teil der Studienabbrüche rührt daher, dass die jungen Leute bei der Studienwahl Mamas und Papas Wünschen folgten.

Es gibt jedenfalls keine Alternative zum Loslassen. Ein nachdenkliches Wort Friedrich Nietzsches mag das von einer anderen Warte her beleuchten: «Man vergilt einem Lehrer schlecht, wenn man immer nur der Schüler bleibt.» Auf Eltern übertragen: Man vergilt es den Eltern schlecht, wenn man immer ihr unreifes Kind bleibt.

Übrigens: Auch Eltern müssen sich von ihren Kindern emanzipieren und nach dem Auszug des Kindes durchaus zu einer neuen Bestimmung ihrer Partnerschaft finden. Andernfalls besteht die Gefahr, dass eine Ehe der allgemeinen Statistik folgt, die für die Zeit nach der Abnabelung der Kinder eine erhöhte Scheidungsrate ausweist.

Vergleiche und Checklisten

Eltern vergleichen gern – ihre Kinder mit anderen Kindern und mit Tabellen. Nicht nur in der Bildungspolitik, sondern sogar bei Eltern scheinen ein Rankingwahn, eine Testeritis und eine Messeritis ausgebrochen zu sein, die kleinste Abweichung von irgendeiner ominösen Normtabelle wird besorgt registriert: Mein Kind war bei der Geburt viel kräftiger und schwerer, jetzt ist es schon weiter als das Kind meiner Freundin, schon sauber, kann schon laufen, sagt schon «Papa». Ist das Kind dann einmal in der Schule, dann möchten manche Eltern am liebsten jede Woche einen aktualisierten Ausdruck aller bis dahin aufgelaufenen Einzelnoten. Die Entwicklung von Kindern taugt aber nicht für Elternrallyes und für einen neuen olympischen Vierkampf der Disziplin «schneller, höher, weiter – und jünger».

Der neueste Schrei sind Fötuspartys, bei denen angehende Eltern zusammen die 3-D-Bilder ihrer noch ungeborenen Kinder bestaunen. «Babywatching» kommt natürlich aus den USA. Man kann diese 3-D-Aufnahmen auch außerhalb ärztlicher Praxen haben. Für circa 230 Euro gibt es dann eine 20-Minuten-DVD – einstellbar ins World Wide Web.

Es soll Väter geben, die alles am Kind Registrierte, Entdeckte, Gemessene sofort in Excel-Tabellen dingfest machen. Es sind nicht nur die sprichwörtlichen Tennisvatis und Eislaufmuttis, die verkünden, dass die Tochter bereits mit drei Jahren Klavier spielt und der Sohn mit vier Jahren Golf – begleitet von einem tief überzeugten «Sie/Er wollte es selbst so». Fast alles, was der Stolz der Familie kann, wird mit der Videokamera gefilmt. Im Internet rühmen sich Mütter, dass sie mehr als 10000 Fotos von ihrem vierjährigen Kind besäßen. Überhaupt präsentieren manche Eltern das Können ihrer Prinzessinnen und Prinzen gerne im Internet, als seien ihre Kinder dressierte Zirkustiere. Dabei wäre es wichtiger, registrieren zu können: «Mein Kind kann ausgelassen und fröhlich sein.»

Die Präsentationen im Netz sind freilich eine Zeiterscheinung, die sich totlaufen wird – oder eben nicht. Vorläufig aber greift ein alltäglicher Exhibitionismus via Medien um sich. Er beschränkt sich nicht auf Prominente und Medienprofis. Eltern schreiben Bewerbungsschreiben für ein Casting bei «Deutschland sucht den Superstar», kurz DSDS. Sie oder ihre Kinder basteln an einer eigenen Homepage, man «ist» auf Facebook und YouTube («for all to see»). Diese Videoplattform ist zu einer weltweiten Schaubühne für privates Casting geworden, auf der man zeigen kann: «Da will ich mit meinem Kind hin.»

Bernhard Pörksen und Wolfgang Krischke haben sich in dem von ihnen 2010 herausgegebenen Band «Die Casting-Gesellschaft – Die Sucht nach Aufmerksamkeit und das Tribunal der

Medien» befasst. Für die beiden Autoren ist ein Casting ein Selbstbetrug an der Authentizität. Es liegt ihm ein völlig neuer Leistungsbegriff zugrunde, nämlich die Vorstellung, dass Ruhm ohne Leistung möglich ist. Was Pörksen und Krischke analysieren, gilt auch für manche Eltern, die ihre Kinder zu vermarkten versuchen. Geradezu Fälle von Kindesmissbrauch erlebt man, wenn man etwa die SAT.1-Sendung «The Voice Kids» einschaltet und vorgeführt bekommt, was ein achtjähriger angehender Star dort erfährt: Vormalige Kinderstars werfen sich ehrfurchtsvoll vor ihm auf den Boden, die Mitglieder der Jury haben Tränen in den Augen, das Publikum tobt bei Standing Ovations. Peinlich und erschreckend zugleich.

Bewunderung über Bewunderung

Nichts sollte Eltern daran hindern, ihre Kinder bereits wegen banaler Leistungen oder Selbstverständlichkeiten zu loben. Kinder müssen aber nicht schon gelobt werden, wenn sie sich widerwillig dann doch mal vom Fernseher wegbewegt haben und pünktlich zum Essen gekommen sind. Und es muss nicht sein, dass jedes Gekrakel mit Stiften auf der Wohnzimmertür bejubelt und jede gekrächzte Liedstrophe begeistert beklatscht wird. Nicht jeder Kreidekringel auf dem Gehsteig ist ein Talentbeweis. Und nicht jeder Schuss des eigenen Kindes auf dem Fußballplatz braucht Begeisterungsstürme. Sonst gewöhnen sich die Kinder daran, dass sie eines Tages ohne jede erkennbare Vorleistung bewundert werden. «Man wundert sich über gar nichts, wenn man sich über alles wundert», schrieb schon Antoine de Rivarol über den «Zustand der Kindheit». Will sagen: Über kurz oder lang geht bei Kindern sogar das größte Lob ins Leere.

84

Aus der Sucht heraus nach Bewunderung oder zumindest nach deren elterlicher Inszenierung werden in den USA und mittlerweile in Deutschland Schönheitswettbewerbe für Kinder ab drei Jahren inszeniert. Am 30. Januar 2013 berichtete das ZDF-Auslandsjournal von 5000 Wettbewerbsteilnehmern in den USA – darunter Kinder unter drei Jahren. Die Mutter einer Tochter spricht in die Kamera: «Ich verwandle sie in eine Prinzessin.» Das sieht dann so aus: Dreijährige werden mit Selbstbräuner behandelt, sie bekommen künstliche Wimpern, ein künstliches Gebiss, gelegentlich falsche Brüste. Am Ende heißen sie «Little Miss Sunshine», und falls sie siegen, gehen sie mit 1000 Dollar Gewinn nach Hause. Von dort ist es nicht weit zur ersten Schönheits-OP mit 14 Jahren. Das braucht niemanden zu wundern, wo sich doch, so die propatient-Beratungsstelle, jährlich etwa 500 000 Menschen unter das Messer eines Schönheitschirurgen begeben. Davon sind, so Schätzungen der Vereinigung Deutscher Plastischer Chirurgen, etwa zehn Prozent jünger als 20 Jahre.

Bloß keine Abweichung

Passen die Kinder aber einmal nicht in die mediale Präsentation oder in eine Normtabelle, dann wird die kleinste Abweichung von der Norm hypersensibel analysiert, interpretiert und therapiert. Das Kind lispelt ein wenig – oder es hört sich jedenfalls so an. Die Folge: Fast 25 Prozent der Sechsjährigen hatten laut Heilmittelbericht 2011 der AOK bereits eine sprachtherapeutische Behandlung hinter sich. Ergotherapie hatten im Jahr 2010 schon 14 Prozent der sechsjährigen Jungen und 5,6 Prozent der sechsjährigen Mädchen in Anspruch genommen. Im Jahr 2007 waren es insgesamt mehr als 20 Prozent aller sechsjährigen Jungen gewesen, die bei der AOK versichert waren und eine Sprachtherapie bekamen. Das Angebot für solche Maßnahmen ist also da. Therapeuten aller Art, Sprachtrainer und andere Erziehungscoaches umlagern die unsicheren Eltern. Dass der Hintergrund für Sprachprobleme nicht selten die mangelnde häusliche Kommunikation ist, scheint keine Konsequenzen zu haben.

Die Zeiten, in denen Eltern beruhigt waren, wenn sich ihr Kind ganz normal altersgemäß entwickelte, wenn es irgendwann krabbelte, wenn irgendwann der erste Zahn durchkam, wenn es irgendwann die ersten Schritte tat, scheinen vorbei zu sein. Selbst die Einschulung wird von immer mehr Eltern in hohem Maße problematisiert. Immer mehr Kinder werden nämlich gezielt später eingeschult. Im Herbst 2012 wird etwa aus Bayern gemeldet: 2001 wurden 5867 Kinder erst mit sieben Jahren eingeschult. 2011 waren es mit 12158 mehr als doppelt so viele. In Berlin stieg die Zahl der Zurückstellungen bei der Einschulung in mehreren Bezirken: 2010/11 waren es sechs Prozent, 2011/12 acht Prozent, 2012/13 zwölf Prozent der potenziellen ABC-Schützen. Den Sechsjährigen soll, so die Eltern, für ein Jahr noch der Schulstress erspart bleiben. Dabei kann ein weiteres Jahr schulfreie «Kindheit» alles andere als ein Jahr gewonnener Kindheit sein, sondern ein langweiliges viertes Jahr Kindergarten. Der wahre Grund für die Zurückstellungen – so sagen es viele dieser Eltern hinter vorgehaltener Hand – dürfte ein eigenwilliges Konkurrenzdenken sein. Das Kind, das nach der Zurückstellung um ein Lebensjahr älter in die Schule startet, kann leichter zu den Besten der Klasse gehören, und es hat – vermeintlich – bessere Chancen zum Durchstarten. Vielfach dürfte genau das Gegenteil der Fall sein, denn Kinder, die erst mit sieben Jahren eingeschult werden, langweilen sich in der ersten Klasse in einem Maße, dass eine mit der Langeweile sich einstellende nonchalante Arbeitshaltung zur Gewohnheit über die erste Klasse hinaus wird. Der Traum der Eltern, ihr 7-jähriges Kind in einer Klasse von weniger reifen und weniger entwickelten 5-Jährigen brillieren zu sehen, könnte dann wie eine Seifenblase platzen.

Verwöhnung und Verschonung

Neben dem Kontroll- und Förderwahn dürfte die Verwöhnung ein weiteres großes Erziehungsproblem sein. Denn Fördern und Verschonen sind kein Widerspruch und gehören gleichermaßen zum Erziehungsrepertoire der Helikopter-Eltern. Wie Umfragen belegen, haben mehr als zwei Drittel der Bevölkerung den Eindruck, dass immer mehr Kinder immer häufiger und immer intensiver verwöhnt werden. Früher war dies seltener der Fall, weil Verwöhnung unter den damaligen Lebensumständen und bei den großen Kinderzahlen gar nicht möglich war. Allein die Wohnverhältnisse standen dagegen: Von der heutigen Großelterngeneration sagen 31 Prozent, sie hätten in ihrer Kindheit ein eigenes Zimmer gehabt, die heute 8- bis 12-Jährigen können sich mit einem Anteil von 73 Prozent in ein eigenes Zimmer zurückziehen, glaubt man IfD-Umfragen für das Allensbacher Generationenbarometer 2009.

Zu viel des Guten

Ein überaus anschauliches literarisches Beispiel eines Verwöhnprivilegs stellt der 1859 erschienene Roman «Oblomow» des Russen Iwan A. Gontscharow dar: Es geht darin um einen russischen Adeligen, der in völliger Lethargie erstarrt, weil er von jeder Verantwortung befreit und von einer Schar von Dienern umgeben ist. Ausgehend von seinem Namen hat sich im Russischen sogar der Begriff «Oblomowschtschina» (deutsch: Oblomowtum, Oblomowerei) als Synonym für Verwöhnung eingebürgert. Der Begriff «Oblomow-Syndrom» diente in der Psychiatrie lange Zeit als Beschreibung eines Persönlichkeitstypus, der neurotisch, antriebslos, apathisch, faul und parasitär ist. Heute, in einer Wohlstands- und Wohlfahrtsgesellschaft, ist Verwöhnung allerdings ein Massenphänomen mit vermutlich gravierender Störung des gesellschaftlichen, ökologischen und des Generationengleichgewichts geworden.

Verwöhnen – was ist das eigentlich genau? Das Wort «verwöhnen» gibt es im heute gebrauchten Sinn in der deutschen Sprache seit rund 800 Jahren. Bereits um 1200, also im Mittelhochdeutschen, kommt es bei Wolfram von Eschenbach und Hartmann von Aue vor. Damals noch in der Schreibweise «verwenen» bzw. «verwen(e)t», im Niederdeutschen als «verwennen». Wenig später taucht das Wort bei dem Mystiker Meister Eckhart (ca. 1260 bis 1328) auf, und zwar im Sinne von «verweichlichen, verzärteln, verhätscheln», «zu viel Willen lassen», «den Zaum zu lang lassen», «den Kindern zu weich sein», «schädliches Gewöhnen an etwas» bzw. «an Bequemes gewöhnen». Das Grimm'sche Wörterbuch gibt darüber Auskunft. Ab Beginn des 18. Jahrhunderts bekommt das Wort auch die Bedeutung von «Überfeinerung» und «Entartung».

Verwöhnung hat viele Gesichter. Am einfachsten diagnostizier- und belegbar ist die materielle Verwöhnung. Für Bewohner selbst so mancher EU-Länder leben deutsche Kinder in einem Schlaraffenland wie auf dem Bild «Luikkerland» von Breughel d. Ä. Dabei wird der Abstand immer größer, denn in Deutschland sind bereits Heranwachsende Eigentümer stattlicher Geldbeträge und von Luxusgütern. Jedem wachen Zeitgenossen fallen Beispiele und Belege von materieller Verwöhnung der Kinder ein – bei selbstkritischer Betrachtung sogar aus der eigenen Familie. Das «Glück» der Kinder besteht heutzutage vielfach in Konsum und Besitz. Kindheit und Jugend sind somit durch und durch kommerzialisiert – betrieben von der Wirtschaft und von den Eltern. Für Albert Wunsch – «Die Verwöhnungsfalle» – ist die elterlich initiierte Kommerzialisierung der Kindheit im Grund eine Variante von Bestechung.

Ohne damit etwas suggerieren zu wollen, sei in diesem Kontext darauf hingewiesen, dass viele der Studien der letzten Jahre zum Themenkomplex «Erziehung und Kinder» von Marktunternehmen bzw. deren Stiftungen initiiert werden: so von Fanta / Coca-Cola Deutschland, von JAKO-O, von Vorwerk, von Bertelsmann, von der Deutschen Telekom, von Jacobs Krönung und anderen. Um diese Tatsache sollte man wissen.

Es geht um Milliarden von Euro

Was materielle Verwöhnung angeht, finden sich Eltern in einer verzwickten Lage wieder. Einerseits ist es vielen von ihnen finanziell möglich, ihren Kindern den Zugang zu Markt und Konsum zu öffnen, andererseits spüren oder erkennen sie, dass das Konsumverhalten ihrer Kinder ausufert und allen gängigen Erziehungsidealen wie Askese oder Bedürfnisaufschub zuwiderläuft.

Laut KidsVerbraucherAnalyse 2012 verfügen 6- bis 13-jährige Kinder in Deutschland über jährlich drei Milliarden Euro an

Taschengeld und sonstigen Geldgeschenken. Eltern geben ihren Kindern selbst dann immer mehr Taschengeld, wenn ihr Einkommen nicht angestiegen ist. Das über alle Altersstufen hinweg durchschnittliche Taschengeld in Höhe von 362 Euro pro Jahr geben die Kinder und Jugendlichen laut «Youngcom! Jugendstudie 2013» für folgende Zwecke aus, wobei Mehrfachantworten möglich waren: Für Kleidung und Accessoires geben es 59,2 Prozent aus, für Essen und Trinken sind es 48,7 Prozent, für Ausgehen und Nachtleben 44,8, für Kino und Filme 36,1, für Kosmetik und Pflege 33,6, für Musik und Konzerte 27,1 und für Urlaub und Reisen 25,8 Prozent. Ganz hinten auf den Plätzen 16 und 17 der Kategorien stehen für Vermögensaufbau und Vorsorge 9,0 Prozent und für ein Auto, einen Roller oder ein Motorrad 4,5 Prozent. Auch fürs Betanken scheinen eher die Eltern zuständig zu sein.

Um das Thema «Taschengeld» wird oft genug innerfamiliär gestritten. Sehr wahrscheinlich ist die Debatte um seine Höhe sogar der häufigste Grund für Auseinandersetzungen zwischen Eltern und Kindern. Ausgaben von Eltern für Weihnachten, für das Osterfest, zum Schulzeugnis, für den Namenstag und den Geburtstag sind in all die vorgenannten Beträge noch nicht einmal eingerechnet. Es kommen «Event-Geschenke» hinzu.

Was soll man dem Kind denn noch schenken? Es hat doch bereits alles! Dudley, Harry Potters Cousin, ist ein solches Kind in «Harry Potter und der Stein der Weisen». Er feierte Geburtstag und zählte während der Feier seine Geschenke. Nach «sechsunddreißig» zog er eine Schnute, blickte zu seinen Eltern auf und protestierte. «Das sind zwei weniger als letztes Jahr.» Tante Petunia witterte die Gefahr und schritt kurzentschlossen ein: «Und heute, wenn wir ausgehen, kaufen wir noch zwei Geschenke.»

Apropos «Petunia», der Name klingt wie das lateinische Wort «Pecunia» für Geld.

Was soll sich ein solches Kind noch wünschen, wenn das Kinderzimmer bereits überquillt? Also werden für dreistellige Eurobeträge professionell ausgerichtete Geburtstagsfeiern mit Animateuren, Clowns, Zauberern, Akrobaten inszeniert. Hauptsache, das Kind ist zufrieden. Am Ende summiert sich etwas auf in einer Zeit, in der Kinder fünfmal und öfter pro Jahr Weihnachten erleben. Manchmal werden dabei Wünsche erfüllt, weil man sie dem Spross nach vorausgehender Projektion dorthin von den Augen abgelesen hat.

Zu den genannten Taschengeldbeträgen kommen weitere rund drei Milliarden auf Sparkonten der Kinder. Das sind dann in der Summe sechs Milliarden. Damit haben Kinder in diesem Alter eine Kaufkraft, die um 50 Prozent über dem Betrag liegt, den das Saarland für 2013 mit 3,9 Milliarden Euro als Haushalt ausweist. Ein anderer Vergleich: Bayern zahlt in den Länderfinanzausgleich 3,9 Milliarden. Sachwerte, über die die Kinder verfügen, sind in die sechs Milliarden noch nicht eingerechnet, zum Beispiel dass 12 Prozent der 6- oder 7-Jährigen, 47 Prozent der 10- oder 11-Jährigen, 81 Prozent der 12- oder 13-Jährigen, 95 Prozent der 16- oder 17-Jährigen und 100 Prozent der volljährigen Heranwachsenden ein Handy besitzen (Quelle: Iconkids & Youth, 2011). Mountainbikes, ein eigener PC, ein eigenes TV-Gerät, Gameboy, Playstation, DVD-Player, MP3-Player oder iPod sind fast schon Standard.

Overdressed in Vorschule und Schule

Darüber hinaus sind die «Kids» heute auf Schickimicki gestylt. Mit No-Name-Klamotten könnte man in der Schule oder in der Disco nicht antreten. Das wäre uncool. Kultig ist für das Markenkind etwas anderes. Kultig sind Designerklamotten, der Original-Fußballerdress von Bayern München oder von ManU – Manchester United ist zumindest unter Jungs ohnehin Pflicht. Dementsprechend gehen den Kindern zig Markennamen leichter von den Lippen als so manche Vokabeln aus dem Englischunterricht. Und schon 4-Jährige haben erste Vorlieben.

Viele Eltern wissen ein Lied davon zu singen, was es heißt, wenn ihre Kinder die Schule als Laufsteg betrachten. Das Einkleiden der Kinder in der Boutique wird dann zum Kampf und das morgendliche Anziehen zum Drama. «Mit diesen Fetzen kann ich mich nicht sehen lassen, damit steh ich ja da wie ein Asi.» Soll heißen wie ein Asozialer. So oder noch deftiger fallen dann die Weigerungen aus, ein T-Shirt von der Stange überzuziehen. Was Wunder, dass das Wort vom Markenterror die Runde macht.

So ist es keine Seltenheit, dass 10- oder 12-Jährige mit Kleidung im Wert von 500 Euro und mehr am Leib in die Schule marschieren – Handy nicht mitgerechnet. Vor und zwischen den Stunden, im Schulbus und in den Pausen genießt man dann als Style-Schüler die tatsächlich oder vermeintlich neidvollen Blicke der Mitschüler. Es gibt nicht wenige Schülerinnen und Schüler, die bereit sind, für dieses Gefühl alles Erdenkliche anzustellen. Für den Kauf der ersehnten Kleidung an der Tankstelle oder im Supermarkt zu jobben ist eine gangbare Methode, obwohl darunter nicht selten die schulischen Leistungen leiden. «Durchgefallen, aber overdressed» könnte es dann heißen – oder treffender noch: «durchgefallen, *weil* overdressed».

Nicht zuletzt ist wichtig: Die Kinder und Jugendlichen heute, auch die jungen Eltern, sind eine Generation von Erben. Laut Analyse der Dresdner Bank werden deutsche Eltern und Großeltern allein zwischen 2011 und 2015 rund 1,3 Billionen Euro an ihre Kinder vererben.

Kein Verzicht auf Verzicht

Die nachfolgende Generation stellt damit einen erheblichen Wirtschaftsfaktor dar – in den USA nicht anders als in Deutschland. In den USA heißen die Kinder deshalb «Skippies» – «school kids with income and purchasing power». In beiden Ländern erfolgt der Markteintritt der Kinder außerdem immer früher. Bereits ab dem sechsten Geburtstag treffen Kinder erste selbständige Kaufentscheidungen. Nutznießer sind so in wachsendem Maße der Spielzeug-, Medien- und Elektronikmarkt. So steigerte sich der Umsatz auf dem deutschen Spielzeugmarkt, Videospiele nicht eingerechnet, von 2007 bis 2010 um 22,7 Prozent von 2,2 auf 2,7 Milliarden – und das trotz eines Rückgangs der Zahl der Heranwachsenden unter 20 Jahren um 6,2 Prozent von 19,4 auf 18,2 Millionen.

Eine Rolle bei der materiellen Ausstattung und Verwöhnung von Kindern und Jugendlichen spielen Helikopter-Großeltern, die ihrer immer geringer werdenden Zahl an Enkeln oft mit Geschenken in einer Größenordnung aufwarten, die selbst verwöhnenden Eltern den Zorn ins Gesicht treibt. Leben die Eltern oder die Großeltern gar in serieller Monogamie in Patchworkfamilien, so hat ein einzelnes Kind nicht selten die doppelte Anzahl an es betütelnden Erwachsenen um sich bzw. am Hals.

Gerade in solchen oder ähnlichen Patchworkfamilien ist die

Übergratifikation ein Problem: «Tschüsi, Mami, ich gehe zu Papa, der macht mehr locker!» Dieser Papa – oder unter umgekehrten Vorzeichen die Mama – ist dann durchaus bereit, dem bzw. der Ex eins auszuwischen und das Gebotene zu übertreffen, indem sie oder er für das gemeinsame Kind ein zweites Weihnachten, ein zweites Osternest, eine zweite Ferienreise möglich macht. Scheidungskinder sind in puncto materieller Verwöhnung also besonders gefährdet, weil sie oft von mehreren Seiten alles und mehr bekommen.

Für manche Heranwachsende stellt sich damit bewusst oder unbewusst tatsächlich die Frage: Wozu noch erwachsen werden, wenn man schon als Heranwachsender alles haben kann? Das Erwachsenendasein verliert für so manchen Teenie seinen Reiz. Genauso wie das Erwachsensein den Reiz seiner intimsten Geheimnisse durch eine fortschreitende Frühsexualisierung von Kindern verliert.

«Wenn ich einmal groß bin, dann mache ich dieses und jenes, dann kaufe ich mir dieses und jenes, dann erlaube ich mir dieses und jenes», sagte ein Kind früher. Heute genießt ein Teenie – solange der Jugendschutz nicht dazwischensteht – vieles von dem, was Erwachsene einst an Dingen und an Freiheiten exklusiv für sich hatten, bereits im zweiten Lebensjahrzehnt. «Consumo ergo sum» – auf Deutsch heißt das: «Ich kaufe, also bin ich.» Ein Buch des französischen Philosophen Pascal Bruckner aus dem Jahr 2004 trägt exakt diesen Titel. Bruckner kritisiert darin «die Utopie, auf das Verzichten verzichten zu können». Er meint damit zunächst die Erwachsenenwelt. Seine Sorge gilt aber auch einer Generation von jungen Erwachsenen, die alles erhalten hat, aber nichts erobern musste und die ihr Erbe sozusagen verfrühstückt. Bruckner wörtlich: «Unser Wohlstand im Westen heute beruht auf dem Opfer früherer Generationen, die nicht denselben Lebensstandard und nicht die Früchte einer solchen technischen Entwicklung genießen konnten.» Und weiter: Die Logik des Konsums sei eine infantile Logik, die sich in vier Formen äußere, «der Dringlichkeit des Vergnügens, der Gewöhnung an das Beschenktwerden, dem Traum nach Allmacht, dem Durst nach Zerstreuung».

«Der kleine Prinz» von Antoine de Saint-Exupéry würde, wie im Gespräch mit dem Fuchs, sagen: «Die Menschen haben keine Zeit mehr, irgend etwas kennenzulernen. Sie kaufen sich alles fertig in den Geschäften. Aber da es keine Kaufläden für Freunde gibt, haben die Leute keine Freunde mehr.» Verwöhnte Kinder sind deshalb oft einsam und isoliert. Das ist die gravierendste Folge.

Verwöhnung kann man in manchen Fällen durchaus als Variante der Verwahrlosung betrachten, denn verwöhnte Kinder zeigen nicht selten dieselben Symptome von Verwahrlosung, die auch vernachlässigte Kinder kennzeichnen. Es gibt dafür den Begriff der Wohlstandsverwahrlosung. Gemeint ist damit eine seelische Verwahrlosung bei gleichzeitiger materieller Übergratifizierung. Übertriebene Verwöhnung vermag die gleichen Schäden anzurichten wie eine extreme Vernachlässigung der Kinder durch die Eltern. Verwöhnung ist oft sogar eine subtile Form der Kindesmisshandlung. Das sieht Sigrid Tschöpe-Scheffler so. In ihrem Buch «Elternkurse auf dem Prüfstand – Wie Erziehung wieder Freude macht» aus dem Jahr 2003 schreibt sie: «Eine andere Seite des psychischen Missbrauchs äußert sich in Überbehütung und Überfürsorge. [...] Die betroffenen Kinder haben wenig Chancen, selbstständig zu werden, stattdessen geraten sie in große Abhängigkeit zu den Eltern, da sie Angst haben, diese zu enttäuschen.»

Übermaß und Mangel zugleich

Verwöhnung hat nicht nur materielle Dimensionen, denn Verwöhnen heißt: Dem Kind soll alles zuteil werden, nicht nur Materielles, sondern auch Zärtlichkeit, Lob und alle anderen Arten von Zuwendung. Dabei sind die Übergänge zwischen Zuwendung und Verwöhnung fließend. Verwöhnung ist Übermaß und Mangel zugleich – nämlich ein Übermaß an Sorge, Hilfestellung, Entlastung von Pflichten und von Unangenehmem, an Geschenken, Geld und so weiter sowie ein Mangel an Zutrauen, Zuversicht, Leistungsanspruch und Grenzensetzen.

Die Verwöhnmethoden zeigen dabei eine sehr große Bandbreite. Hier gibt es nichts, was es nicht gibt. Zum Beispiel die Mutter, die gegenüber dem Schulleiter keinerlei Verständnis dafür hat, dass ihre Tochter am Montag, einem Schultag, nicht bis 10.30 Uhr ausschlafen darf, obwohl sie doch am Vorabend als Cheerleader ein Pokalspiel ihres Clubs besucht hat.

Beginnen kann das Verwöhnen aber schon im Säuglingsalter, wenn der kleine Erdenbürger zu schlecht oder zu langsam oder zu schläfrig trinkt und Eltern meinen, ein größeres Loch im Schnuller könnte helfen. Oder wenn Mama keine Zeit hat, den Säugling für eine Viertelstunde zum Füttern in den Arm zu nehmen. Am Ende ist der Säugling schnell satt, ohne sich groß angestrengt zu haben. Seit Jahren wird diskutiert, ob dies nicht eine lebenslange Prägung zur Bequemlichkeit bedeutet.

Apropos Flasche: Ohne Flasche geht heutzutage in der Schule nichts mehr. Schlaue Leute haben das Trinken im Unterricht forciert – unterstützt von einer Initiative der deutschen Mineralwasserindustrie und einer Exministerpräsidentin aus Schleswig-Holstein als Schirmherrin. Initiiert haben sie das ständige Nuckeln im Unterricht nicht, vielmehr sind sie auf einen Trend aufgesprungen, der sich in etwa seit der zurückliegenden Jahrhundert- bzw. Jahrtausendwende in den Schulen eingebürgert hat – bei Schülern und teilweise bei jungen Lehrern. Begründung der Initiative: Wenn Deutschlands Schüler regelmäßig, am besten viertelstündlich, Wasser trinken, verbessert das ihr intellektuelles Leistungsvermögen. Und Deutschland hat dann demnächst PISA-Ergebnisse wie Finnland? Man könnte von einem eingetrichterten Durst sprechen. Oder muss man sich sonst um die Kinder in Deutschlands Kindergärten und Schulen sorgen, wenn sie nicht ständig an der Flasche nuckeln können?

Von zu Hause sind es viele Kinder nicht anders gewohnt, als ständig in Sachen Essen und Trinken verwöhnt zu werden. So kommt es in einer fünfköpfigen Familie schon mal vor, dass zum Mittag- oder Abendessen drei verschiedene Menüs aufgetischt werden oder Eltern ihrem Spross für die morgendliche Zwischenmahlzeit im Kindergarten drei verschiedene Verpflegungspakete zur Auswahl mitgeben, damit ja die spontan gefühlten gustatorischen Gelüste befriedigt werden können.

Verwöhnung von ganz oben

Manchmal kommt die Verwöhnung sogar von ziemlich weit oben. Im Juni 2012 etwa hat Baden-Württembergs damalige Schulministerin Gabriele Warminski-Leitheußer die Schulleiter aufgefordert, den Beginn des Unterrichts nach dem EM-Halbfinalspiel Deutschland–Italien zu verlegen, damit die Kinder ausschlafen können. Begründung: «Je mehr Kinder sich durch die begeisternden Auftritte von Mesut Özil, Sami Khedira, Andrea Pirlo und den anderen dazu anregen lassen, selbst Fußball zu spielen, desto besser.» So wird Deutschland regiert! Das Spiel ist übrigens trotz ministerieller Unterstützung 2:1 für Italien ausgegangen.

Dass der Sozialstaat Gefahr läuft, seine Bürger zu verwöhnen, bedarf einer eigenen Betrachtung. Zumindest sei die These gewagt, dass eine weit verbreitete Verwöhnung im Kindesalter den Ruf der eines Tages zu Erwachsenen Gewordenen nach Vater Staat zumindest nicht bremst.

Vor allem Schulpolitik und -pädagogik sind längst auch auf dem Verwöhntrip. Schule soll schließlich Spaß machen (siehe Kraus: «Spaßpädagogik – Sackgassen deutscher Schulpolitik», 1998). Auf eine kritische Reflexion der Folgen von politisch angeordneter Verwöhnung durch Schule wartet man vergeblich. Und so wird das Pascha- und Prinzessinnen-Syndrom alltäglich bereits durch die sogenannte moderne Schulpädagogik etwa mit einem Unterricht der Theken- und Wochenplanarbeit verstärkt. Hier soll das Kind selbst entscheiden, was und ob es im Unterricht etwas tut. Der Schüler soll sogar im Unterricht alles dürfen, aber nichts sollen.

Ob die folgende Schülerfrage wirklich so gestellt wurde oder ob sie nur zutreffend erfunden worden ist, sei dahingestellt: «Frau Müller, dürfen wir heute, was wir sollen, oder müssen wir wieder, was wir wollen?»

All das ist falsch. Kinder sind mit zu vielen Freiräumen überfordert. Kinder sind überfordert, wenn man ihnen weismacht, sie seien mit den Eltern und mit den Lehrern auf Augenhöhe, sie seien gar deren Partner oder Befehlende.

Die Schulen verwöhnen mit guten Noten, niedrigen Quoten an Sitzenbleibern, gar mit der Abschaffung von Sitzenbleiben und Noten. Die Schulen tun das nicht immer freiwillig, sie vollziehen nur eine von oben angesagte Gefälligkeitspolitik, die schöne Bilanzen will. Diese kann man natürlich haben. Ihr Preis ist gering, man muss nur die Notenbestimmungen liberalisieren. Boshafte Leute nennen solche Eingriffe ein planwirtschaftliches Hinmanipulieren schöner Ergebnisse. Was früher die Note vier war, ist heute oft die Note zwei. Die durchschnittlichen Abiturnoten ganzer deutscher Länder, einzelner Schulen ohnehin, tendieren in Richtung 2,2 oder gar 2,0. Es gibt immer mehr 1,0-Abiturzeugnisse. Die Kultusministerin Sylvia Löhrmann berichtet aus NRW, dass sich die Zahl der Abiturienten mit der Note 1,0 von 455 im Jahr 2007 auf exakt 1000 im Jahr 2011 mehr als verdoppelt hat.

Die Hochschulen setzen eine solche Kuschelpolitik mit ihrer Inflation guter und sehr guter Noten fort. Ende 2012 sah sich deshalb der Wissenschaftsrat genötigt, den warnenden Zeigefinger zu erheben. Immerhin war der Anteil der Hochschulabschlüsse – ohne Jura, Medizin und Lehramt – mit den Noten eins und zwei vom Jahr 2000 bis zum Jahr 2011 von 67,8 Prozent auf 76,7 Prozent gestiegen. In den Fächern Biologie und Psychologie hatte sich der entsprechende Anteil auf 98 bzw. 97 Prozent gesteigert. Nur bei den Juristen ging es sehr streng zu. Dort erreichten beim Ersten Juristischen Staatsexamen gerade einmal sieben Prozent der Kandidaten die Noten eins oder zwei.

Bildungseinrichtungen aber, die nur noch gefällige Noten vergeben, betätigen sich als Verschiebebahnhöfe: Die Rückmeldung an Schüler, was sie wirklich leisten können und leisten wollen, wird in die Berufsausbildung oder das Studium verschoben. Die Rückmeldung an Studienabsolventen, ob ihre Zeugnisse etwas wert sind – oder eben noch nicht einmal das Papier, auf dem sie stehen – und ungedeckte Schecks darstellen, wird dem Arbeitsmarkt überlassen.

Ein Professor eines naturwissenschaftlichen Fachs an einer renommierten deutschen Universität berichtete mir, dass es praktisch nicht mehr möglich sei durchzufallen. Die informelle Direktive bei Prüfungen lautet: Geben Sie eine Vier, der Markt wird es dann schon richten und begradigen.

Ohne Sitzenbleiben glücklich?

Die vorläufige Spitze schulpolitischer Verwöhnung ist die nun landauf, landab leidenschaftlich diskutierte Abschaffung des Sitzenbleibens. Der Gipfel der Verwöhnung durch die Schule soll nun also in einigen deutschen Ländern erklommen werden: Kaum hatte die rot-grüne niedersächsische Landesregierung Anfang 2013 ihren Koalitionsvertrag unter Dach und Fach, rauschte es durch den Blätterwald und durch Rundfunk- und Fernsehmagazine: «Niedersachsen schafft das Sitzenbleiben ab.» Begründet wird dieser Plan mit allen möglichen Argumenten. Das Sitzenbleiben koste Zeit, es demütige die Kinder, es sei teuer. Und: In Berlin und Bremen habe man mit einer Schule ohne Sitzenbleiben gute Erfahrungen gemacht. Berlin und Bremen als Vorbilder? Das ist eine ganz neue Wendung.

Überhaupt, warum soll man etwas abschaffen, was es nahezu nicht mehr gibt? Schließlich bleiben von 11,4 Millionen Schülern in Deutschland pro Jahr nur 170 000 sitzen. Das sind 1,5 Prozent. Offenbar wollen gewisse Kräfte sogar noch für diese 1,5 Prozent eine schulische Hundert-Prozent-Erfolgsgarantie. Im Übrigen ist die Quote an Sitzenbleibern in den letzten Jahren deutlich gesunken. Weil die 16 deutschen Länder schöne Bilanzen vorlegen und Millionen potenzieller Wähler, nämlich Eltern, besänftigen wollen, wurden die Regeln für das Sitzenbleiben weitgehend liberalisiert. Selbst in vergleichsweise strengen deutschen Ländern kann man mit mehrmals Note Fünf auf Probe vorrücken oder sich einer Nachprüfung stellen.

Das Sitzenbleiben ist auch keineswegs ein Stigma oder Trauma. Die Wiederholer sind in den neuen Klassen oft genug die Stars, weil sie älter, cooler und frecher auftreten. Nicht selten werden sie zu Klassensprechern gewählt. Und auch sonst kann man es damit – wie Beispiele beweisen – in höchste Ränge der Politik, Wirtschaft, Kultur und Wissenschaft bringen. Zudem hat das Rheinisch-Westfälische Institut für Wirtschaftsforschung (RWI) 2004 in einer Untersuchung von 2500 ehemaligen Schülern der Geburtsjahrgänge 1961 bis 1973 festgestellt, dass die meisten Schüler von einer Ehrenrunde profitieren.

Dass man mit der Abschaffung des Sitzenbleibens deutschlandweit eine Milliarde Euro sparen könne, darf man getrost als eine professorale Berechnung aus dem Elfenbeinturm, in diesem Fall als Ergebnis einer Studie der Bertelsmann-Stiftung, betrachten. Schließlich bezieht sich diese Studie über die Wirksamkeit des Wiederholens auf Untersuchungen aus den 1960er und 1970er Jahren. Und außerdem fragt man sich, warum eine pädagogisch sinnvolle Maßnahme aus ökonomischen Gründen wegrationalisiert werden soll. Es ist eher das Gegenteil der Fall: Eine Klasse zu wiederholen senkt die Wahrscheinlichkeit, dass ein versetzungsgefährdeter Schüler am Ende ohne Schulabschluss dasteht. Das ist ein Gewinn, den man ebenfalls in Milliarden Euro ausrechnen könnte.

Der Hintergrund der aufgeheizten Debatte um das Sitzenbleiben ist aber wohl ein ideologischer oder im besten Fall ein naiv idealistischer. Man muss sich nur die Protagonisten dieser Initiative anschauen: Es sind zu erheblichen Teilen Leute, die seit

Jahrzehnten für eine Einheitsschule in Deutschland eintreten. Mit der Abschaffung des Sitzenbleibens und im nächsten Schritt mit der Abschaffung der Schulnoten kämen sie ihrem Ziel sehr nahe, denn dann wäre eines Tages das Gymnasium eine Gesamt- und Einheitsschule mit hundertprozentigen Erfolgsaussichten – noch dazu mit einem schönen Namen. Bei anderen Protagonisten, die das Sitzenbleiben abschaffen wollen, herrscht ein idealisiertes Bild von Schülern vor. Man tut so, als sei immer nur das System schuld, wenn jemand nicht vorankommt.

Für Schüler jedenfalls, die am Ende des Schuljahrs in mehreren Kernfächern mangelhafte Leistungen aufweisen, wäre ein Aufstieg in die nächsthöhere Klasse eine krasse Fehlinvestition und ein Bremsfaktor für die Klassengemeinschaft. Für Sitzenbleiber aber ist das Wiederholen eine Chance zur Konsolidierung in neuer Lernumgebung, zur Neuorientierung und zur Stabilisierung der Bildungslaufbahn.

Mit einer Abschaffung des Risikos des Sitzenbleibens gaukelt man den Kindern ein Leistungsvermögen vor, das sie nicht haben. Man schiebt sie wider besseres Wissen bis zur Abschlussprüfung. Humaner wäre es, einem 13-Jährigen zu sagen: «Du wiederholst jetzt ein Jahr, weil es für dich eine Chance ist.» Das ist besser, als ihn bis zur schulischen Abschlussprüfung oder zu einer betrieblichen Einstellungsprüfung zu hieven und dann zu sagen: «April, April, du bist nicht gut genug.»

Eine Abschaffung des Sitzenbleibens ist und bleibt unpädagogisch. Zum Leben gehört das Risiko des Misserfolgs und des Scheiterns. Gäbe es kein Durchfallen mehr, würde sich ein noch größerer Anteil von Schülern – vor allem in der Pubertät – gar nicht mehr anstrengen wollen, und das Leistungsniveau vieler Klassen würde sinken. Es stimmt auch nicht, was immer wieder behauptet wird, nämlich dass Sitzenbleiber ja nur in überschaubaren Bereichen Defizite hätten und diese mit Förderunterricht ausgeglichen werden könnten. Der typische Sitzenbleiber hat aber in der Regel Fünfen und Sechsen in drei, vier, ja fünf Fächern und parallel dazu eine Menge an schwachen Vieren. Bei einem Weiterschieben in die nächsthöhere Klasse würde er – zumal er ja neuen Stoff zu lernen hat – nur noch mehr seinen Niederlagen hinterherlaufen. Unsere Schüler haben von einer solchen Art von um sich greifender Erleichterungspädagogik keinen Nutzen. Ihnen alles aus dem Weg zu räumen und sie über jede noch so kleine schulische Hürde zu heben, das ist der falsche Weg.

«Das mache ich für dich»

Dieselben Kinder, die man durch Förderprogramme gern dressiert, schont man auf der anderen Seite im Übermaß. Ein Kind etwa krankzumelden, weil es gerade keine Lust zum Schulbesuch hat oder weil für den betreffenden Tag das ungeliebte Schwimmen auf dem Programm steht oder weil es sich ungestört auf eine kleine Prüfungsarbeit vorbereiten soll – das ist denn bei aller elterlichen Fürsorge zu viel des Guten.

Man nimmt die Kinder auch sonst immer seltener für irgendetwas in Anspruch, nicht einmal für kleinste häusliche Aufgaben. Die Aussage «Bei uns zu Hause war es nötig, dass ich als Kind richtig mithelfen musste» bejahen von den 60-Jährigen und von den noch Älteren 69 Prozent, von den 16- bis 29-Jährigen dagegen nur 26 Prozent (Quelle: Allensbacher Archiv, IfD-Umfrage 5256, 2009). Laut einer Studie der Deutschen Gesellschaft für Ernährung helfen nur 27 Prozent der 12- bis 15-jährigen Jungs im Haushalt mit, von den Mädchen 39 Prozent. Offenbar gibt es sogar in Zeiten des Gender Mainstreams tendenziell noch gewisse geschlechterstereotype Unterschiede.

Viele Kinder wachsen in einem Schonraum auf, es werden ihnen keinerlei Pflichten zugemutet und viele Aufgaben zu schnell abgenommen. Man sagt, dass die jüngsten Kinder, die Nesthäkchen – sofern sie nicht als Einzelkinder zugleich die ältesten sind –, und die Erstgeborenen am meisten verschont werden. Immer weniger Eltern verlangen von ihren Kindern, dass sie in einem Alter, in dem sie dazu fähig wären, gewisse alltägliche Aufgaben erledigen: beim Tischdecken helfen, den Müll rausbringen, auf kleinere Geschwister aufpassen, Schulranzen oder Sporttasche selbst packen, Schuhe binden, Zimmer aufräumen, Kleidung sortieren, Pausenbrot schmieren, Wasser aus dem Keller holen, Haustier versorgen, Blumen gießen, staubwischen oder Kartoffeln schälen. Man mag es zuerst nicht glauben, aber für Heranwachsende, gerade für Kinder im Vorschul- und im Grundschulalter, kann vieles davon zu einer spannenden Entdeckungsreise werden. Darin kann mehr Förderung liegen, als in der Hektik des Tages und aus einem schlechten Gewissen heraus mit dem Kind schnell ein Lernspiel durchzuziehen.

Es sollte eigentlich der Grundsatz gelten, Kindern nie etwas abzunehmen, was sie für sich selbst oder für die Familie erledigen können, selbst wenn sie dafür etwas mehr Zeit brauchen als die routinierte Mutter. Ihnen entgeht nämlich sonst etwas Wesentliches. Kommen sie dann ins Jugendalter, dürfen die Anforderungen durchaus steigen: Sie können dann schon gelegentlich eine

Mahlzeit für die Familie kochen, kleinere Reparaturen ausführen und eine Spülmaschine bedienen.

Die Neigung von Eltern, Kinder von allem Möglichen zu verschonen, wird oft damit begründet, dass eine Verrichtung zu gefährlich sei. Wer seinen Kindern aber keine Möglichkeit gibt, sich grob- und feinmotorisch zu erproben, wer ihnen jedes Messer, jeden Schraubenzieher oder nur im entferntesten gefährlichen Gegenstand wegnimmt, wer die Kinder auf keine Mauer und keinen Baum hinaufkraxeln lässt, der wird dafür sorgen, dass sein Kind nicht lernen und beweisen konnte, sich geschickt anzustellen. Es wird sich so am Ende wirklich häufig verletzen.

Für ein Kind ist das zunächst bequem und ohne jede Gefahr. Es kommt damit allerdings die Botschaft rüber: «Das kannst du nicht. Dafür bist du zu klein und noch zu dumm.» Damit aber können Kinder keine eigenen Erfahrungen mit Gefahren sammeln und lernen, mit Risiken richtig umzugehen. Übrigens: Es muss auch durchaus einmal eine Niederlage bei einem Spiel in der Familie ausgehalten werden können. Man sollte Kinder also nicht nur gewinnen lassen, denn wenn das Kind dies merkt, steht am Ende ein Sieg mit schalem Nachgeschmack.

Kurzum: Es darf durchaus sein, dass ein Kind hinfällt, sich irgendwo einklemmt oder vom Regen nass wird. Und es darf eine kleine Verletzung sein, die sich ein Kind einhandelt. Das gehört mit zum Leben. Wendy Mogel hat dies in ihrem Buch «The Blessing of a Skinned Knee» (2008) treffend dargestellt. «Die Segnung eines aufgeschürften Knies», so sieht es die Autorin und kritisiert aufgrund ihrer Erfahrungen mit Kindern wohlhabender Eltern in Hollywood, dass viele ihren Sprösslingen einimpfen, draußen sei alles voller Gefahren und jedes Missgeschick bereits nahe an der Katastrophe. Deshalb ist es vollkommen korrekt:

Fehler zu machen und sie selbst wieder auszubügeln muss sein. Das fördert Eigenverantwortung, Eigeninitiative und Selbstsicherheit der Kinder. Sonst nehmen ihnen die Eltern den Stolz auf das Erreichte.

Familie heute und morgen

Bei all dem gerade Beschriebenen muss man mit einbeziehen, dass sich die Lebensumstände Heranwachsender nicht nur in den letzten Jahrhunderten, sondern beschleunigt in den letzten drei bis vier Jahrzehnten stark verändert haben – zumindest in der sogenannten Ersten Welt. Damit ist eine neue erzieherische Verantwortung verbunden, für deren Erfüllung es keine Vorbilder aus mehreren Generationen gibt.

Um die Veränderungen zu verstehen, lohnt sich ein kleiner historischer Exkurs.

Waren Kindheit und Jugend immer schon so?

Seit es Menschen und ihre verschiedene Kulturen gibt, sind Kindheit und Jugend im ständigen Wandel. *Die* Kindheit hat es nie gegeben und wird es nie geben. Ob es *eine* Jugend früher überhaupt gab, ist ohnehin umstritten. Kindheit und Jugend bzw. das, was man sich jeweils darunter vorstellt und was man davon erwartet, waren und sind abhängig von der jeweiligen kulturhistorischen Epoche. Kindheit und Jugend sind keine anthropologischen Konstanten, sondern zeitgeschichtliche Konstrukte. Umgekehrt gilt: Wie eine historische Epoche ihre Heranwachsenden sieht, sagt viel über die jeweilige Epoche aus. Es liegen allerdings nicht einmal untereinander stimmige historische Darstellungen von Kindheit bzw. Jugend vor. Kindheit war eben tatsächlich mal so und mal so.

Eine der ältesten Fundstellen zu Kindheit und Jugend dürfte ein babylonischer Tonziegel sein. Er dokumentiert, dass manche Urteile über die Jugend so alt wie die Menschheit selbst sind. «Diese Jugend ist verdorben, gottlos und faul. Mit ihr wird es nicht gelingen, unsere Kultur zu erhalten.» Dieses Lamento hat 5000 Jahre auf dem Buckel. Wenig ergiebig in Sachen Kindheit und Erziehung ist das Alte Testament. Man findet dort viel über Kinderopfer, über strikten Gehorsam, über die Liebe der Kinder zu den Eltern und über ihre Rolle als Träger des Familiennamens – aber kaum Hinweise auf kindliche Bedürfnisse.

Mit den Kindern hart ins Gericht gehen die ersten beiden ganz großen griechischen Philosophen. Für Sokrates gilt: «Die Schüler lieben heute den Luxus, sie haben schlechte Manieren, verachten Autorität, verfügen über keinen Respekt vor älteren Leuten und plaudern, wo sie arbeiten sollten. Sie verschlingen bei Tische die Speisen, legen die Beine übereinander und tyrannisieren ihre Eltern.» Und besonders kritisch sieht Platon 375 Jahre vor Christus sowohl die Jugend als auch den Umgang der Erwachsenen mit ihr in seiner «Politeia»: «*Wenn* sich Väter daran gewöhnen, ihre Kinder einfach gewähren und laufen zu lassen, wie sie wollen, und sich vor ihren erwachsenen Kindern geradezu fürchten; oder *wenn* Söhne schon sein wollen wie die Väter, also ihre Eltern weder scheuen noch sich um ihre Worte kümmern, sich nichts mehr sagen lassen wollen, um ja recht erwachsen und selbständig zu erscheinen; *wenn* die Lehrer bei solchen Verhältnissen vor ihren Schülern zittern und ihnen lieber schmeicheln, statt sie sicher und mit starker Hand auf einem geraden Weg zu führen, sodass die Schüler sich nichts mehr aus solchen Lehrern machen; *wenn* es überhaupt schon so weit ist, dass sich die Jüngeren den Älteren gleichstellen, ja gegen sie aufgetreten sind mit Wort und Tat, die Älteren sich aber unter die Jungen stellen und sich ihnen gefällig zu machen versuchen, indem sie ihre Albernheiten und Ungehörigkeiten übersehen oder gar daran teilnehmen, damit sie ja nicht den Anschein erwecken, als seien sie Spielverderber oder auf Autorität versessen; *wenn* auf diese Weise die Seele und die Widerstandskraft der Jungen allmählich mürbe wird; *wenn* sie aufsässig werden und es schließlich nicht mehr ertragen können, wenn man nur ein klein wenig Unterordnung von ihnen verlangt; *wenn* sie am Ende dann auch die Gesetze verachten, weil sie niemand und nichts mehr als Herrn über sich anerkennen wollen, *so* ist das der schöne und jugendfrohe Anfang der Tyrannis.»

Die These, Kindheit sei eine Erfindung der letzten zwei Jahrhunderte, erscheint dennoch kaum haltbar. In den Werken der griechischen und römischen Antike, in den Schriften des ersten großen Erziehers der Neuzeit, Comenius, werden sowohl die Unterschiede zwischen Kindern und Erwachsenen als auch die Unterschiede zwischen den einzelnen Entwicklungsstufen der Kindheit anerkannt.

Deshalb ist es fragwürdig, wenn in Teilen der neueren Geschichtsschreibung so getan wird, als sei Kindheit eine Erfindung der neuesten Zeit. Natürlich gab es die spartanische Erziehung, die für den Stadtstaat Kämpfer heranzüchten sollte. Aber es gab zumindest eine Idee von Kindheit, freilich nur gültig für die Kinder von Herrschenden – von den Pharaonenkindern bis hin zum heranwachsenden Alexander dem Großen, der Aristoteles als Lehrer hatte.

Das Verhältnis von Eltern und Kind war nicht immer liebevoll. Oft schob man – wenn man es sich leisten konnte – die Kinder bis hinein in die beginnende Neuzeit zu Ammen ab. Wohlhabende Römer holten sich gebildete Sklaven aus Griechenland für die Bildung ihrer Kinder. Aber noch lange wurden Kinder wie eine Wegwerfware behandelt. Sie wurden wie Romulus und Remus – die sagenhaften Gründer Roms – ausgesetzt oder als Maßnahme der Geburtenkontrolle getötet. Erst im Jahr 374 nach Christus gab es ein Gesetz, das die Tötung von Kindern verbot. Die Rechte über die Kinder hatte in Rom trotzdem noch lange der Vater. Er entschied, ob er ein Kind annimmt. Hob der Vater das neugeborene Kind sinnbildlich nicht auf, zum Beispiel weil es mit Missbildungen oder Behinderungen auf die Welt kam, dann hatte es kaum Überlebenschancen.

Viele Jahrhunderte lang gab es keinen originären Begriff von Kindheit. Wenn Kinder auf mittelalterlichen und frühneuzeitlichen Gemälden dargestellt wurden, dann waren sie wie die Erwachsenen gekleidet. Bis etwa 1700 wurden Kinder wie kleine Erwachsene betrachtet – sogar das Jesuskind. Es gibt aber auch Gemälde, zum Beispiel von Pieter Bruegel Mitte des 16. Jahrhunderts, auf denen Kinder als Spielende dargestellt wurden – beschäftigt mit Steckenpferd, Murmel-, Ball- und Tanzspielen.

Eine Schonzeit für Kinder gab es freilich kaum, nur die Kinder der Herrscher und Betuchten gönnten sich diesen Luxus. Spätestens mit sieben Jahren hatten Kinder im Mittelalter ins Erwachsenenleben einzutreten. Die Kindheit ohne Arbeitspflichten war kurz – für Mädchen noch kürzer, weil sie bald in den Haushalt eingebunden wurden. Kinder mussten ran. Als Helfer in der Landwirtschaft, als Arbeiter an Spinnmaschinen und als Kohlenschlepper im Bergbau. Auch für die Absicherung der Eltern gegen

Krankheit und als Versorgung im Alter waren sie wichtig. Das Leben von Eltern und Kindern war eins, eine institutionalisierte Erziehung wie Kindergarten oder Schule gab es noch nicht. Immerhin kamen ab Mitte des 19. Jahrhunderts in England und in Deutschland staatlicherseits erste Einschränkungen der Kinderarbeit in Fabriken, das brachte Erleichterungen. Diese galten aber nur für Fabriken. Für Heimarbeit galt das im Deutschen Reich erst ab 1903. Für Arbeit in der Landwirtschaft sogar erst ab 1960.

Von solchen äußeren Rahmenbedingungen abgesehen, ist die Betrachtung von Kindheit sehr disparat. Die beiden großen und meistzitierten Historiographen der Geschichte der Kindheit sind Philippe Ariès mit seinem Buch «Geschichte der Kindheit» (1960 erschienen, 1975 ins Deutsche übersetzt) und Lloyd de Mause mit seinem Werk «Hört ihr die Kinder weinen – Eine psychogenetische Geschichte der Kindheit» (1980). Beide sind sich allerdings nicht ganz einig.

Ariès analysierte für seine Kindheitsanalysen neben Memoiren und Briefen vor allem die bildende Kunst – in Familienporträts oder Grabbildnissen. Er sieht Kinder im Mittelalter und in der frühen Neuzeit als behütet an. Dann aber sei das Kind des Mittelalters in das hilflose Kleinkind der Neuzeit bzw. des 20. Jahrhunderts verwandelt worden. Dieser Wandel habe seinen Niederschlag in der «Familialisierung» und in der «Scolarisation» gefunden, wobei die Schule Zwangsinstitution und Schutzraum zugleich gewesen sei. Für Ariès begründen diese Entwicklungen die Anfänge einer Leidenszeit der Kinder. Kinder seien aus einer ganzheitlichen Lebenswelt herausgedrängt und ausgegrenzt worden. Er meint ferner: «Während das Kind der traditionellen Gesellschaft glücklich war, weil es die Freiheit hatte, mit vielen

Klassen und Altersstufen zu verkehren», wurde zu Beginn der Neuzeit ein besonderer Zustand «erfunden», eben der der Kindheit. Diese «Erfindung» habe zu einer tyrannischen Vorstellung von der Familie geführt, die die Zerstörung von Freundschaft und Geselligkeit zur Folge hatte und den Kindern nicht nur ihre Freiheit nahm, sondern sie zum ersten Mal mit Rute und Karzer bekannt machte. Ariès sieht die Geschichte der Kindheit also eher als Verfallsgeschichte. Früher sei das Kind frei, gleichberechtigt und integriert zugleich gewesen und ab sieben Jahren wie erwachsen behandelt worden.

Lloyd de Mause kommt zu anderen Wertungen. Für ihn ist die Geschichte der Kindheit ein Albtraum: Je weiter man in die Geschichte zurückgehe, desto unzureichender werde die Pflege der Kinder und desto größer die Wahrscheinlichkeit, dass Kinder getötet, ausgesetzt, geschlagen, gequält und sexuell missbraucht wurden. De Mause ist der Meinung, dass die Kindererziehung im Mittelalter und in der frühen Neuzeit hart, gleichgültig und lieblos gewesen sei. Auch Hugh Cunningham (2006) setzt sich von Ariès ab. Nach Cunningham hätten sogar in der Antike und im Mittelalter die Mütter um ihre gestorbenen und geschundenen Kinder geweint. Schließlich stellten auch etliche zeitgenössische Sozialhistoriker die Thesen von Ariès in Frage. Linda A. Pollock zum Beispiel kam nach der Auswertung von Tagebüchern und Autobiographien, die zwischen 1500 und 1900 von Eltern verfasst wurden, zum Schluss: Im Gegensatz zu Ariès gab es im 16. Jahrhundert durchaus ein Konzept von Kindheit.

Eine Vorstellung von Kindheit als Phase sui generis war aber wohl doch erst ab 1800 entstanden, und dies zunächst nur in bürgerlichen Kreisen. Norbert Elias schreibt 1980 von einer «Zivilisierung der Eltern», er datiert sie allerdings schon ab dem 16. Jahrhundert. Wörtlich nennt er den neuen Umgang mit Kindern einen «Zivilisationsschub» und einen «Schub an Demokratisierung». Ab 1800 spielte bei der Entstehung eines neuen – idealisierten – Bildes von Kindheit ferner die deutsche Romantik eine Rolle, und zwar durchaus im Sinne der Bibelsentenz: «Wenn ihr nicht werdet wie die Kinder …»

Aber auch sonst hat sich das Eltern-Kind-Verhältnis verändert. Kinder sind nicht mehr in erster Linie da, Eltern im Alter zu versorgen oder einen Familienbetrieb fortzuführen, sie sollen vielmehr dem Leben der Eltern einen Sinn geben. Bei diesem Wandel spielte die Einführung der Schulpflicht eine entscheidende Rolle. Diese Einführung zog sich je nach Land und Fürstentum über das ganze 19. Jahrhundert hin. Die Schule drängte die Kinderarbeit zurück, und das Kind wurde nicht mehr als kleiner Erwachsener gesehen. Dass dieser Wandel in bürgerlichen Kreisen früher, in armen Familien langsamer und später vonstatten ging, ist klar. In jedem Fall aber war die Einführung der Schulpflicht eine gewaltige soziale Errungenschaft.

Ein weiterer Wandel des Verständnisses von Kindheit geschah ab dem Jahr 1900. Vor allem bekam Kindheit mit dem Aufkommen von Psychologie und Psychoanalyse einen neuen Status. Der Einfluss dieser beiden Wissenschaften bzw. psychologischen Schulen kann gar nicht unterschätzt werden. Eine Rolle spielt sodann Ellen Key mit ihrer Schrift «Das Jahrhundert des Kindes» (1902). Sie sprach von der «Majestät des Kindes», angesichts deren die Eltern ihr Haupt in den Staub zu beugen hätten. Der «Instinkt des Kindes» könne sich nicht irren. Die Meister seien demnach die Kinder, die Erwachsenen die Lehrlinge. Womöglich haben manche Erwachsene dies zu wörtlich genommen und das Kindliche zum eigenen Leitbild erkoren. Ellen Key beispielsweise sehnte gar eine Sintflut herbei, die alle – pädagogische – Literatur hinwegspült. Überleben sollen laut Key in der Arche «nur Montaigne, Rousseau, Spencer und die neuere kinderpsychologische Literatur». Vergessen scheint bei aller noch heute vorhandenen Verklärung der Person Ellen Keys ihre «neue Ethik» auf rassenhygienischer Grundlage sowie ihr Werben für ein entsprechendes Paarungsverhalten. Wäre es nach Key gegangen, dann hätte sich ein Ehepaar erst untersuchen lassen müssen, bevor es Kinder hätte zeugen dürfen.

Wie auch immer man die Geschichte der Kindheit bewertet, bleibt eine Frage des persönlichen Urteils. Eine Romantisierung der «freien» Kindheit des Mittelalters ist wohl nicht angebracht. Auch sonst ist die Geschichte der Kindheit keine Geschichte eines reinen Fortschritts, denn heute stehen Familien unter einem – manchmal nur gefühlten – Erziehungsdruck, der historisch ohne Vorbild ist. Als großer Fortschritt freilich bleibt, dass Kinder zumindest in der westlichen Welt heute weit gesünder und sicherer als zu jedem anderen Zeitpunkt der Geschichte leben können.

Eines freilich bleibt kritisch zu reflektieren: Kindheit verkürzte sich immer mehr, zugleich verlängerte sich die Jugendphase, die es bis ins 19. Jahrhundert hinein außerhalb des Bürgertums de facto nicht gegeben hatte: nach vorne in Richtung Kindheit und nach hinten in Richtung Erwachsenenwelt bis hinein ins beginnende vierte Lebensjahrzehnt. Eigentlich eine paradoxe Entwicklung: Indem man den Kindern Jahre um Jahre der Kindheit nimmt, verlängert man die Jugend und damit die Lebensphase der Unmündigkeit.

Gibt es überhaupt die Jugend?

Wer die Jugend von heute und die Jugend der letzten eineinhalb Jahrzehnte in etwa meint einschätzen zu können, der kann erahnen – mehr nicht –, welche Elterngenerationen demnächst anstehen. Zwar ist es mit Aussagen über die Zukunft so eine Sache. Wenn man aber weiß, dass ein Großteil junger Eltern zumindest tendenziell das fortsetzt, was man selbst an erzieherischer Prägung erfahren hat, dann sind vorsichtige Projektionen möglich, zumindest reizvoll.

Das Problem dabei ist, dass es «die» Jugend nicht gibt. Medien und Politik lieben zwar markante und einprägsame Begriffe für die Beschreibung von Sachverhalten. Soziologie und Meinungsforschung sind gerne bereit, dieses Bedürfnis zu befriedigen. Das gilt auch für die Etikettierung von «Jugend». Allerdings war und ist Jugend zu allen Zeiten und in allen Ländern der Welt etwas ziemlich Heterogenes. Die Globalisierung hat daran wenig geändert, außer dass gewisse Entwicklungen den gesamten Erdball bzw. zumindest die freie Welt nun schneller als zuvor erfassen und gewisse Vereinheitlichungen rascher erfolgen.

Wenn seit mehr als einem halben Jahrhundert Jugendetiketten die Runde um den Globus oder quer durch Deutschland machen, so mögen diese aparte semantische Spielereien sein und schöne Aufmacher für Titelseiten von Magazinen hergeben. Mehr als unterschwellige Trends, die quer durch einen Teil der Jugend gehen und die sich zu ein und derselben Zeit sogar noch widersprechen, vermögen sie aber nicht zu signalisieren. Jugend gibt es eben nur grammatisch im Singular, nicht realiter. Deshalb ist es relativ unerheblich, wie man eine Jugend zu einer bestimmten Zeit benennt. Zu vielfältig und zu kurzlebig sind die Bezeichnungen, vor allem aber charakterisieren sie immer nur eine Minderheit von Jugendlichen, die aufgrund einer gewissen Attitüde medial als besonders trendy gilt – oder in die die Erwachsenenwelt zur eigenen Entlastung und Rechtfertigung gerne etwas hineinprojiziert. Aber das wäre eine eigene Betrachtung wert, die in dem Kapitel «Narzissmus» (S. 143 ff.)angedeutet wird.

Gäbe es *die* Jugend bestimmter Etiketten wirklich, so müsste man allein aufgrund der Zahl der Etiketten davon ausgehen, dass wir jedes Jahr eine andere Jugend haben. Man denke etwa an «Typenbezeichnungen» wie die folgenden: die skeptische Generation (1957 «erfunden»), die übertriebene Generation (1967), die überflüssige Generation (1979), die weinerliche Generation (1983), die Null-Bock-Generation und die No-Future-Generation der 1980er Jahre, die Generation Golf, die Generation X der 1990er Jahre, die unsichtbare und die pragmatische Generation der mittleren 1990er Jahre, die Generation Y um das Jahr 2000 («Millennials»), die Generation Beauty, die Generation Benedikt, die Generation Doof, die Generation Geil, die Generation Maybe, die Generation Null Zoff & Voll Busy, die Generation Porno, die Generation Punk, die Generation Spießer, die verspielte Generation, die Generation Jammerlappen. Bezeichnend ist, dass sich zuletzt Jugendetiketten eingebürgert haben, die vor allem auf den medialen Konsum Heranwachsender abheben: die Generation @, die Generation Chips, die Generation Flatrate, die Generation Net, die Generationen WLAN, LAN, Facebook, Twitter, iPad, iPod, WOW (World oft Warcraft) usw.

Wahrscheinlich haben diese Bezeichnungen aber eine ähnlich kurze Halbwertszeit wie die Technik der jeweils von diesen Gruppen genutzten Medien. Und es kamen bzw. kommen noch hinzu die Yuppies, die Netten, die Hip-Hopper, die Raver, die Nerds, die langweiligen Streber, die jungen Milden und die Stinos (die

Stinknormalen). Und als i-Tüpfelchen die No-Label-Generation, also eine Generation, wie es sie immer gab: heterogen, sich jeder Etikettierung verweigernd und nicht ganz ohne Verwandtschaft wohl zur Patchworkjugend.

Das Zeitalter der Helikopter-Eltern

Widmen wir uns dennoch zwei Generationenbezeichnungen, die bei allen eben genannten Einschränkungen der Relevanz solcher Begriffe durchaus interessante pädagogisch-psychologische Betrachtungen zulassen, zumal beide Gruppen jetzt die aktuelle bzw. demnächst aktuelle Elterngeneration darstellen. Das eine sind die «Millennials», das andere ist die «Generation Me», also die «Generation Ich». Beide haben vieles gemeinsam, das kann nicht anders sein, sind die Vertreter beider Generationen doch nahezu gleich alt.

Bei den Millennials handelt es sich um die Geburtsjahrgänge 1980 bis 2001. Als Teilgruppe gibt es sie sowohl in den USA, wo der Begriff erfunden wurde, wie in allen westlich orientierten Ländern. Diese jungen Leute, so sagt man, sind zielstrebig, ehrgeizig, gut ausgebildet, technologisch versiert, teamorientiert, umgänglich und wohlerzogen. Sie sind politisch wach – politisch-gesellschaftlich engagiert sind sie eher nicht. Sie schätzen klare Verhältnisse und lehnen sich kaum gegen die Älteren auf. Ihre Eltern belegen einen Spitzenplatz in der Liste der Vorbilder. War das Verhältnis Junge zu Alte um 1980 noch spannungsgeladen, so hat es sich heute weitgehend entspannt. Dies belegt bereits die «Shell Jugendstudie 2000». Sie dokumentiert, dass es zwischen Jugendlichen und Eltern weniger Konflikte gibt als noch 20 Jahre zuvor.

Die damals Befragten sind übrigens heute die «aktive» Elterngeneration, im Alter von 27 bis 40 Jahren stehend.

Der Herausgeber des *Wall Street Journal*, Ron Alsop, hat 2008 einen vielbeachteten Essay über die Millennials geschrieben: «The Trophy Kids – How the Millennial Generation is Shaking Up the Workplace». Alsop sieht in den Millennials Heranwachsende einer verlängerten Adoleszenz. Er hat dafür den schönen Begriff «Adultolescents» geprägt: außen erwachsen, innerlich nicht. Diese Adultoleszenten haben selbst einen Karriereeinstieg hinter sich, der massiv von ihren Eltern mitbegleitet war – bis hin zu Vorstellungsgesprächen und Gehaltsverhandlungen. Diese Generation vertraut sehr auf die Eltern, die sie als Helikopter-Eltern kennengelernt hat. Ihre Chefs haben oft das Gefühl, sie müssten weiterhin die Babysitter ihrer Mitarbeiter sein, selbst bei harmlosen Entscheidungen. Sind sie selbst bereits junge Eltern, so setzen sie bei aller Leistungsbereitschaft im Beruf sehr auf Familie. Eine ihrer typischen Fragen lautet nach Alsop: «Warum soll ich bis fünf Uhr im Büro bleiben, wenn mein Kind zur selben Zeit ein Fußballmatch hat?» Jedenfalls sind diese Adultoleszenten Aspiranten für eine neue Generation von Helikopter-Eltern.

Die «Generation Me», die «Generation Ich», stammt aus nahezu denselben Geburtsjahrgängen, sie unterscheidet sich von den Millennials kaum. Das Individuelle ist der «Generation Ich» zur wichtigsten Norm geworden. Während ihre Alten, die 68er oder Spät-68er, (noch) auf Regierungsbänken oder anderen Schaltzentralen in Wirtschaft oder Exekutive sitzen, setzen sie auf Leistung und Erfolg. Sie arbeiten selbst sehr viel und verdienen ordentlich dabei. Recht zutreffend hat die US-Professorin für Psychologie Jean Twenge 2006 die «Generation Me» in einem gleichnamigen Buch beschrieben. Für diese jungen Leute, so Twenge, ist ihr

Selbstwertgefühl – nicht ohne einen gewissen Narzissmus – wichtiger als alles andere. Als Eltern sind sie vor allem deshalb äußerst nachsichtig und nachgiebig, weil sie der Überzeugung sind, dass es der nachfolgenden Generation ohnehin erheblich schlechter gehen wird. Auch diese Ich-Generation stellt bestimmt zahlreiche Aspiranten für eine neue Generation von Helikopter-Eltern.

Cora Stephan ist diese Generation nicht geheuer, sie greift sie mehr oder weniger frontal an, indem sie sie in einem Beitrag in der *Welt* am 2. April 2012 zur «Generation Spießer» ernennt und damit die Sorge verbindet, dass diese «Generation überbehütet» in der Übermacht ist. Der *FAZ*-Journalist und Buchautor Florian Illies («Generation Golf») fragt sich und seine Leser: Wie sollen neokonservative Jugendliche, die «mit 23 das Leben haben, das unsere Eltern mit 45 führen, eine Gesellschaft innovativ gestalten»?

Spießig verhalten sich aber erst einmal die Eltern, zum Beispiel wenn sie ihren Kindern um jeden Preis einen Vorteil verschaffen wollen. Ein gleichermaßen lustiges und erschreckendes Beispiel dafür ist ein belangloses Ereignis in den USA, über das Zeitungen weltweit berichteten. Zu Ostern 2011 hatte man in Colorado Springs ein großes Ostereiersuchen veranstaltet. Was als Spaß für die Kinder gedacht war, artete völlig aus, weil viele Eltern ausrasteten. Sie übersprangen bereits vor dem Startschuss die Absperrung, weil sie in Sorge waren, ihre Kinder könnten nicht genug Eier erhaschen. Für 2012 hat man diese Aktion übrigens abgesagt.

Wer meint, so etwas könnte in Deutschland nicht vorkommen, der war noch nicht bei Karnevals- und Faschingsumzügen dabei und hat noch nicht miterlebt, wie Eltern für ihre Kinder um die von den «Narren» unters Volk geworfenen Süßigkeiten kämpfen.

Zurück zu den Generationen «Millennials» und «Ich». Basis für das Entstehen dieser beiden verwandten und beinahe Synchrongenerationen war neben der fortschreitenden Entwicklung unserer Gesellschaften zu Wohlstandsgesellschaften das Erziehungsverhalten der Eltern dieser Generationen. Es ist deshalb sinnvoll, gut ein Jahrzehnt zurückzugehen und zu fragen: Wie wurden die heute jungen Erwachsenen und Noch-nicht- oder Bereits-Eltern selbst als Kinder und Jugendliche erzogen?

Der *Spiegel* gibt darüber für 1999 Auskunft. Danach bezeichneten damals 63 Prozent der Befragten ihre Erziehung als liebevoll, 24 Prozent als liberal, 9 Prozent als streng, 3 Prozent als nachlässig. Ältere dagegen wurden erheblich strenger erzogen. Die Aussage «Ich bin ziemlich streng erzogen worden» bestätigten beim Generationenbarometer 2009 des Allensbach-Instituts 64 Prozent der Befragten, die 60 Jahre und älter waren, aber nur 23 Prozent der 16- bis 29-Jährigen. Von den unter 30-Jährigen gaben 61 Prozent an, dass ihnen ihre Eltern viel Aufmerksamkeit und Zuwendung haben zukommen lassen, bei den 45- bis 59-Jährigen waren es nur 39 Prozent, bei den über 60-Jährigen 34 Prozent.

Der größte Teil der Heranwachsenden, um die 70 Prozent, gibt an, die eigenen Kinder genauso oder so ähnlich erziehen zu wollen, wie man selbst erzogen wurde. Bestätigt wird dies durch die Shell-Jugendstudien. Im Vergleich der Shell-Jugendstudien 1985, 2000, 2002 und 2006 ergibt sich als markantestes Ergebnis, dass der Anteil der jungen Leute, die ihre Kinder anders erziehen wollen, als sie selbst erzogen sind, zu diesen Erhebungszeitpunkten von 37 über 20, 22, nochmals 20 auf zuletzt (2010) 19 Prozent gesunken ist.

Unterm Strich: Die Jugend der 2010er Jahre fällt kaum auf

und kaum aus dem Rahmen. Sie bleibt eine Jugend ohne markante Eigenschaften. Es ist keine Distanzierung von ihren Eltern – eine Distanzierung, die ja eigentlich Wesensmerkmal von Jugend sein müsste – erkennbar, auch kein Anzeichen von «Sturm und Drang». Die Jugend hat sich arrangiert, vor allem, weil es die Eltern so wollen. Und die Phase der Jugend breitet sich weiter aus. Sie umfasst nicht mehr das Alter von 14 bis 25, sondern bald schon die Spanne von 10 bis 65. Die Ungehobeltheiten der Flegeljahre von früher findet man heute schon bei Grundschülern und dann bis hinauf ins Renteneintrittsalter.

Soweit keine gravierenden gesellschaftlichen oder wirtschaftlichen Umwälzungen anstehen, lässt sich von dieser Warte her prognostizieren, dass sich die Erziehung des intensiven Förderns, des Verwöhnens, des Überbehütens, des Abschirmens fortsetzen wird. Die Zeit, in der sich die Jungen ostentativ von den Alten absetzten, ist vorbei. Insofern ist zu erwarten, dass sich der zuletzt und aktuell praktizierte Erziehungsstil fortsetzt. Seit dem Jahr 2000, das weist die «13. Shell Jugendstudie 2000» nach, wird die Familie im Gegensatz zu früher wieder überwiegend als emotionaler Rückhalt und als Ort der Verlässlichkeit verstanden. Damit geht einher, dass sehr viel mehr deutsche Jugendliche als zuvor ihre Eltern als Vertrauensperson wahrnehmen. Der klassische Generationskonflikt hat sich also abgeschliffen. Mutter und Vater erscheinen als Partner, nicht als Widerpart.

Veränderte Lebenswelten

Allein was die biologische Reifung betrifft, sprechen Experten von einer säkularen Akzeleration: Heranwachsende werden immer früher geschlechtsreif, bis zu fünf Jahre früher als vor 200 Jahren, nämlich zwischen 11,5 und 12,5 Jahren. Um das Jahr 1800 war die Geschlechtsreife erst zwischen 16 und 17 Jahren eingetreten. Allerdings handelt es sich heute zumeist um eine asynchrone Akzeleration. Das heißt, die körperliche Reifung eilt der psychischen und sozialen Reifung weit voraus. Die psychische und die soziale Reifung hält oft nicht Schritt mit Verhaltensweisen und Gewohnheiten, die noch vor wenigen Jahrzehnten viel später einsetzten. Immer früher etwa haben Heranwachsende Sex. Den ersten Beischlaf hatten 1977 Geborene mit 15,6 Jahren, also in den Jahren 1992/1993. Heute findet das erste Mal rund zwei Jahre früher statt, also durchaus schon mit 13 bis 14 Jahren. Je niedriger der formale Bildungsgrad ist, desto früher geschieht es.

Das Jugendalter expandiert

Die Lebenszeit strukturiert sich neu, die Grenzen zwischen Kindheit, Jugend und Erwachsenenalter werden fließend. Bereits Kinder genießen – wie beschrieben – die Segnungen der Konsum- und Freizeitgesellschaft, die bislang Erwachsenen bzw. allenfalls Jugendlichen zugestanden wurden. Die Dauer der Kindheit hat sich verkürzt, weil das Jugendalter immer früher beginnt. Letzteres endet immer später und überschneidet sich mehr und mehr mit dem Erwachsenenleben. Das hat nicht nur mit veränderten

Lebensgewohnheiten, sondern unter anderem mit verlängerten Ausbildungs- und Studienzeiten zu tun. So waren etwa die Absolventen einer betrieblichen Lehre 1975 in Westdeutschland im Schnitt erst 19 Jahre alt, 20 Jahre später bereits 21 Jahre. Tendenziell starten die jungen Leute also immer später ins Berufsleben. Das bestätigt für Deutschland die Shell-Studie von 2010: Von den 20- bis 24-Jährigen waren im Jahr 1999 bereits 44 Prozent im Beruf, zehn Jahre später, 2009, waren es erst 37 Prozent. Dieser Trend hat auch damit zu tun, dass die Studierquote innerhalb dieses Jahrzehnts deutlich gestiegen ist.

Gewaltig verändert hat sich die Zahl der Kinder pro Paar. Rund ein Fünftel bleibt kinderlos, Paare mit akademischer Bildung sogar mit einem Anteil von rund einem Viertel. Soweit ein Paar Kinder hat, hat es zu 53,3 Prozent ein Kind, zu 36,0 Prozent zwei Kinder, zu 8,5 Prozent drei Kinder und zu 2,2 Prozent vier und mehr Kinder. In Ostdeutschland wächst ein Viertel der Kinder mit nur einem Elternteil auf, in Westdeutschland ist es etwa ein Sechstel. Bekamen Frauen im Jahr 1963 noch durchschnittlich 2,5 Kinder, so pendelte sich die Geburtenrate seit Mitte der siebziger Jahre bis heute zwischen 1,3 und 1,4 ein.

Die Gründe für gewollte Kinderlosigkeit sind ebenfalls bezeichnend. Ein Drittel der Kinderlosen hat keine Kinder, weil man möglichst viele Freiräume sowie genügend Zeit für sich und seine Hobbys haben möchte. Zwei Fünftel der kinderlosen Männer und Frauen haben keine Kinder, weil sie angeben, noch nicht die passende Partnerin bzw. den passenden Partner gefunden zu haben.

Daraus folgt: Je seltener Elternschaft geworden ist und je später sie im Leben der Eltern zustande kommt, desto mehr wird sie überhöht. Wenn man sich nämlich nach langem Hin und

Her für ein Kind entschieden hat, dann soll es ein Prachtkind werden.

Norbert Elias meinte in seinem Essay «Zivilisierung der Eltern» (1980), nach der «Entdeckung der Kindheit» vor gut zweihundert Jahren brauche man dringend eine «Entdeckung der Eltern» – das gilt auch heute noch. Aus demographischen Gründen auf jeden Fall. Schließlich ist es nicht ganz ausgeschlossen, dass die typisch deutsche Angst, in der Erziehung etwas falsch zu machen, wie ein äußerst effektives Verhütungsmittel wirkt.

Die Eltern sind obendrein älter, wenn sie erstmals Eltern werden. Dass solche Eltern aus ihrer Lebenserfahrung heraus differenzierter und vorausschauender denken, dass sie mit zunehmendem Alter vorsichtig werden, dass sie an alle Lebensbereiche überlegter herangehen, dass sie in der Folge auch in der Erziehung weniger intuitiv und spontan handeln, spielt ebenfalls eine Rolle. Siehe das durchschnittliche Alter der Mütter bei der Geburt des ersten Kindes: In der alten Bundesrepublik lag dieses Alter im Jahr 1970 bei 24,3 Jahren, im Jahr 2010 in Deutschland West bei 30,2 Jahren, in Deutschland-Ost bei 29,9 Jahren. Ein Plus also an rund sechs Jahren. 1990 waren nur 5 Prozent der Erstgebärenden über 35 Jahre, im Jahre 2007 sind es 24 Prozent der Frauen in dem Alter, die zum ersten Mal Mutter werden. Folge: Die subjektive Bedeutung des Kindes nimmt enorm zu, wenn man lange darauf gewartet hat.

Und so hat ein Wunschkind für Vater und Mutter eine andere Bedeutung als früher, als man sich noch mit einem Kind «abzufinden» hatte. Getimte Wunschkinder sind nicht mehr das Ergebnis eines Liebeslebens. Seit der Pille kommen die Kinder nicht mehr in erster Linie als Naturereignis zur Welt, sondern als die ganz große Sache. Dies hat Auswirkungen: Sie werden umhegt und gepflegt. Die Planbarkeit von Kindern hat die Vorstellung suggeriert, man müsste das Planen zumindest drei Jahrzehnte lang fortsetzen.

«Für die Erziehung von Kindern braucht es ein ganzes Dorf», sagt ein vielzitiertes afrikanisches Sprichwort. Bezogen auf Europa ist damit gemeint: Kinder brauchen Erfahrungen, die sie nicht nur mit ihren Eltern, sondern mit Geschwistern, Gleichaltrigen, Großeltern, Onkeln, Tanten, Cousins und Cousinen als Koerziehern machen. Im Zuge der Entwicklung zur Ein-Kind-Familie wird dieses «Dorf» aber immer kleiner, weil es keine Geschwister, Onkel, Tanten, Cousins und Cousinen mehr gibt.

Die Medien und das Verschwinden der Kindheit

Geändert haben sich die Lebensumstände vor allem medial. Neil Postmans 1987 erschienener Bestseller «Das Verschwinden der Kindheit» warnte zu einer Zeit, als es noch kein Internet, kaum Computerspiele und nicht Hunderte von Fernsehkanälen gab, bereits vor einer schleichenden intellektuellen Rückentwicklung durch neue Medien und eine Aufhebung der Trennung von Kindheit und Erwachsenendasein durch das Fernsehen. Allein schon medial zeichnete sich somit eine Liquidierung des kindlichen Schonraums ab.

Gewiss sind Kinder durch das Fernsehen heutzutage viel besser und viel früher informiert. Wissen, das seit der Erfindung des Buchdrucks lesefähigen Erwachsenen exklusiv vorbehalten und damit Kindern verschlossen war, ist nun via Fernsehen bereits Kindern zugänglich. Auch dadurch verwischen die Grenzen zwischen Kindheit und Erwachsensein; Kinder werden mittels medialen und materiellen Konsums zu Erwachsenen, ehe sie tatsächlich erwachsen sind. Zugleich verlangt die Gesellschaft, die die mediale Rundumversorgung will, in einem Bereich Erziehung, wo sie doch in weiten Bereichen jede Wirkung von Erziehung allein schon durch ihre TV-Programme zunichte macht.

Vom medialen Rundumkonsum vieler Kinder muss man zu einem Faktor eine Brücke schlagen, der sträflich vernachlässigt wird: dem Schlafmangel, den viele Jugendliche haben. Die nächtlichen Ruhezeiten der Kinder scheinen immer kürzer zu werden. Chronobiologen und Schlafforscher sehen darin eine wesentliche Ursache für Lernprobleme. Die Deutsche Gesellschaft für Schlafforschung und Schlafmedizin (DGSM) berichtet bei einem Fachkongress in Berlin von einer Studie, mit der 2012 nach einer Befragung von 9000 Schülern und Azubis festgestellt wurde, dass diese wochentags im Schnitt nur sieben Stunden schlafen. Ein Fünftel der Befragten schläft sogar weniger als sechs Stunden. Da ist es kein Wunder, wenn laut Kinder- und Jugendpsychiatern 40 Prozent der Kinder und Jugendlichen Schlafstörungen haben und mittlerweile sogar für Kinder Schlafambulanzen eingerichtet wurden. Die Folgen können nicht überraschen: Der Schlaf wird im Unterricht nachgeholt – getreu dem alten Schülerkalauer: Lieber eine Stunde Unterricht als überhaupt keinen Schlaf.

Die Verkürzung der Kindheit, ferner die immer kleineren Familien, die immer älteren Eltern, der Medienkonsum und das Schlafdefizit – das sind einige der Faktoren, die Kindheit verändern. Die Pädagogik hat davon noch zu wenig Notiz genommen.

Kinder als Last?

Dies alles ist mitverantwortlich dafür, dass der Anteil der über-reflektierend oder voller Skrupel erziehenden Eltern immer größer geworden ist. Auf dass das Kind nur ja keinen Schaden nehme und keine Förderung versäume – kein Wunder, dass Kinder oft in erster Linie als Belastung gesehen werden. Tatsächlich präsentierte das Institut für Psychologie der Otto-von-Guericke-Universität Magdeburg auf dem 41. Kongress der Deutschen Gesellschaft für Psychologie bereits 1998 in Dresden eine Studie, der zufolge sich deutsche Eltern von denen in den USA, in Südkorea und in Österreich in genau dieser Hinsicht unterscheiden. Demnach werden Kinder in Deutschland häufiger als Belastung empfunden, und sie beeinträchtigen offenbar die Beziehung der Eltern. In anderen Ländern wird die Geburt eines Kindes eher als Geschenk angesehen.

Mütter im Dauerstress

«Wie oft fühlen Sie sich durch Ihren Erziehungsalltag gestresst?», fragte das Institut Sinus Sociovision 2007 (siehe Tanja Merkle und Carsten Wippermann 2008). Nur rund ein Fünftel aller Eltern gab an, sich «selten oder nie» gestresst zu fühlen. 50 Prozent haben dieses Gefühl «gelegentlich», 25 Prozent «oft», 7 Prozent «fast täglich». Wie dieses Gefühl des Gestresstseins sich dann realiter im Erziehungsverhalten von Eltern widerspiegelt, ist individuell sehr unterschiedlich. In einem Fall wird daraus eine Profimama. Sie verwirklicht sich im «Projekt Kind», und sie will aus ihrem Zuhause ein Paradies machen. Sie organisiert den

Tagesablauf der Sprösslinge und würde am liebsten deren komplettes Leben durchplanen. In einem anderen Fall wird daraus eine ehrgeizige Vollzeitgluckenmutter. Wenn sie denn schon keinen Job hat, will sie wenigstens als Mutter perfekt sein. Oder sie will eben alles schaffen: super im Beruf und perfekt zu Hause zu sein. Ein Anspruch, der scheitern muss – und zulasten der Kinder geht.

Und die Väter?

Von Vätern findet man Anfragen und Selbstdarstellungen, wie man sie von den überbesorgten Müttern kennt, im Internet kaum. Auch im Schulalltag, bei Elternabenden und in Sprechstunden machen sie sich eher rar. Wo bleiben also die Väter? Sie machen sich zumeist unsichtbar, auch heute noch – Ausnahmen bestätigen die Regel. Ist Erziehung also bis zum Beginn des zweiten Lebensjahrzehnts zu einer feminisierten Zone geworden, mit Mutter, Kindergartenerzieherin, Grundschullehrerin? Dass dies weder für Jungen noch für Mädchen gut sein kann, wird auch die Gender-Forschung zugeben müssen.

Und sonst? Gibt es noch Väter im klassischen Verständnis? Oder sind viele nicht bloßes Abbild von Mutter, Vaterattrappen als totale Frauen- und Kinderversteher? Sind manche sogar noch (über-)vorsichtiger als Mütter? Die «ödipale Mauer», die Väter für heranwachsende junge Männer laut Robert Bly («Die kindliche Gesellschaft – Über die Weigerung erwachsen zu werden», 1997) eigentlich sein sollten, gibt es kaum noch. Die Väter nehmen ihre Aufgabe, Grenzen zu setzen, nicht mehr wahr. Die Kinder, so Bly, würden dann schnell merken, dass sie an die Macht gekommen sind. Also hätten die Väter allen Grund, sich um Erziehung zu kümmern. Eine väterliche «fast education» dagegen bringt nichts. Man kann nicht ausgerechnet beim sonntäglichen Mittagessen alle Erziehungsprobleme dieses unseres Landes und dieser «meiner» Familie lösen. Vielmehr müssen sich die Väter im wahrsten Sinne des Wortes im Alltag einbringen: als Leit- oder auch als Gegenbild für Söhne und Töchter, als Reflexionsspiegel für die Kinder, als komplementärer Erziehungspartner oder als Verstärker der Mutter, im Bedarfsfall als Anwalt der Kinder.

Psychologie und Folgen der Helikopter-Pädagogik

Für die offensichtliche Zunahme von elterlicher Verwöhnung, Überbehütung und Verschonung sowie für die damit korrelierende Verlängerung der Jugendphase gibt es neben den bisher thematisierten wie den veränderten Lebenswelten einen weiteren maßgeblichen Grund: Die heutige Elterngeneration wurde in der eigenen Kindheit selbst bereits in großem Stil verwöhnt, überbehütet und verschont. Unter dieses Niveau, das man selbst in den Jahren von 1970 bis heute erfahren hat, will man bei den eigenen Kindern nicht zurückfallen, eher will man dieses Niveau noch toppen. Man will, dass es harmonisch zugeht in der Familie. Man will die Gewissheit haben, dass man alles – auch als Alleinerzieher – für den Rohling «Kind» tut. Man will Schuldgefühle verdrängen, die auftreten, weil man aus beruflichen Gründen zu wenig Zeit für das Kind hat. Man will die mangelnde emotionale Zuwendung mit Freizeitaktionismus oder wenigstens materiell ausgleichen. Man will nicht riskieren, dass einem das eigene Kind die Liebe entzieht.

Der Stoff, aus dem die Irrungen sind

Überrationalisierte Erziehungshaltungen und Erziehungspraktiken haben aber auch zu tun mit einer fortschreitenden Psychologisierung der Pädagogik, ja verschiedentlich sogar mit einer
Klinifizierung der Kindheit. Gemeint sind damit nicht die Tri-
vialisierungen von Erziehung und die Banalisierungen von Psychologie durch Allerweltspsychologien, sondern gemeint ist ein
gewisser psychologischer Imperialismus, der die Pädagogik mehr
und mehr besetzt hat.

Roland Reichenbach und Fritz Oser haben dazu 2002 einen
interessanten Sammelband herausgebracht. Der Titel deutet bereits an, wo sie die Probleme sehen: «Die Psychologisierung der
Pädagogik – Übel, Notwendigkeit oder Fehldiagnose». Als das
Problematische sieht Roland Reichenbach folgende Tendenzen
an: «die unmittelbaren Bedürfnisse des Kindes zum Leitkriterium
pädagogischen Handelns und Denkens zu machen», «der Zeit-
perspektive der Gegenwart (des Kindes) gegenüber derjenigen der
Zukunft (des Kindes) Primatstatus zuzuordnen» und «das Ideal
der symmetrischen Kommunikation zum Gebot erzieherischer
Kommunikation überhaupt zu stilisieren». Reichenbach spricht
gar von einer prekären Sakralisierung des Selbst und davon, dass
die «Kern-Psychologie immer eine Art Befreiungstheologie» sei.
Individualisierung schrumpfe damit zusammen auf Anleitungen
zur Selbstoptimierung für die Anpassung an nicht vorausseh-
bare Marktbedingungen und an das neoliberale gesellschaftliche
Wunschbild des «Entrepreneur seiner selbst» im Sinne eines
bedingungslos und radikal sich selbst inszenierenden Marktteil-
nehmers.

Die Psychologie wird sich selbstkritisch prüfen müssen, inwieweit sie diese Denkmuster mit unterstützt oder gar erst provoziert hat. Die Betrachtung von Kindheit, Elternschaft, Erziehung und Bildung bedarf allerdings noch weitergehender Reflexionen. Die nachfolgenden Überlegungen sind als provokante Impulse zur Einleitung dieser Reflexionen zu verstehen: gesellschaftlich und unter Eltern.

Behavioristische Hybris des Plan- und Machbarkeitswahns

Mitte des 18. Jahrhunderts etabliert sich zunächst in Frankreich ein Materialismus, der Psychologie und Pädagogik mit seinen mechanistischen Vorstellungen vom Menschen bis zum heutigen Tag nicht mehr losgelassen hat. Maßgeblicher Vertreter dieser Richtung ist Julien de la Mettrie (1709–1751). De la Mettrie entwirft in seinem Hauptwerk «L'homme machine» (1748) die materialistische Sicht eines maschinenähnlichen Menschen, dessen psychische Vorgänge und geistige Verfassungen angeblich vollkommen von den Umständen abhängen. In dieselbe Richtung tendiert Claude Adrian Helvetius (1715–1771) mit seiner posthum erschienenen Schrift «Vom Menschen, von dessen geistigen Kräften und von der Erziehung derselben» (1772). Darin beschreibt er den Menschen als «eine Maschine, die, sobald sie durch die ‹sensibilité physique› in Bewegung gesetzt wird, alles, was diese ins Werk setzt, tun muss».

Hundert Jahre später etabliert sich eine «objektive» Psychologie, die das Gedankengut der Determiniertheit bzw. der Programmierbarkeit des Menschen durch die so oder so gestalteten Umstände aufgreift. Sie trägt es bis zum heutigen Tag hinein in die Pädagogik. Um 1900 schließt sich Iwan Petrowitsch Pawlow

(1849–1936) de la Mettries Überlegungen an. Pawlow entwickelt seine Reflexologie, für die er 1904 den Nobelpreis für Physiologie erhält. Im Kern besagt seine Theorie, die auf der Basis von Experimenten mit Hunden entwickelt wurde, dass nicht nur Reflexe, sondern auch bewusste Reaktionen «konditioniert» werden könnten. Alles tägliche Handeln eines Menschen lasse sich als konditioniertes Verhalten verstehen. Die lateinische Vokabel conditio heißt «Bedingung», und «konditionieren» bedeutet also: Bedingungen für ein gewünschtes Verhalten schaffen.

Die amerikanischen Behavioristen, allen voran John Watson (1878–1958) und Burrhus Skinner (1904–1990), folgen Pawlow. John Watson fasst diese Einstellung 1930 in dem prahlerischen Satz zusammen: «Gebt mir ein Dutzend gesunder Kinder, und ich verbürge mich dafür, dass ich irgendeines heraussuchen und es zu einem Arzt, einem Rechtsanwalt, einem Künstler, einem Kaufmann, einem Bettler oder einem Dieb machen kann – ohne Rücksicht auf seine Talente, Neigungen, Fähigkeiten, Anlagen, Rasse oder Vorfahren.» Wenn es nach Watson ginge, hätte er es also in der Hand, ob ein junges Leben vom Kinderstühlchen eines Tages auf den elektrischen Stuhl führt.

Spätere Lernpsychologen schlossen sich dem Optimismus Watsons an, Jerome Bruner beispielsweise schrieb: «Jedes Kind kann auf jeder Entwicklungsstufe jeder Lehrgegenstand in einer intellektuell ehrlichen Form erfolgreich gelehrt werden.» Wo solchermaßen an ein Neugeborenes als «tabula rasa» bzw. als «white paper», wo an die Allmacht der Erziehung und an eine unbegrenzte Plastizität eines jungen Menschen geglaubt wird, wird jede Schwierigkeit des Kindes mit fehlerhaftem Verhalten der Eltern, der Lehrer oder der Umwelt erklärt.

Eine ähnliche Anmaßung bestimmt den Inhalt von B. F. Skinners 1950 erschienenem Bestseller «Futurum Zwei» («Walden Two»), in dem das Reiz-Reaktions-Modell des Verhaltens von Kindern – und allen anderen Menschen – anhand von «angepassten» und «gesunden» Verhaltensrichtlinien vorgestellt wurde.

Anhand von Tierexperimenten – überwiegend mit Ratten, Tauben und Katzen – wollen Behavioristen darlegen, dass alles Verhalten und Erleben abhängige Variable der unabhängigen Variablen «Umwelt» sei. Die russischen Reflexologen und die amerikanischen Behavioristen führen damit – experimentell und statistisch angereichert – die mechanistische Sicht eines de la Mettrie fort. Das hat Auswirkungen auf die Pädagogik. Es hat die Geburtsstunde der Hybris des grenzenlosen pädagogischen Optimismus geschlagen, dem zufolge der Mensch von außen her determinierbar und als Lernprodukt grenzenlos programmierbar sei. Man glaubt, den Nativismus, die Annahme von der genetischen Determiniertheit psychischer und geistiger Dispositionen, niedergerungen zu haben. Und man erwartet, den Menschen wie ein Werkstück formen zu können. Ob Ratten, Affen oder Kinder – für die Behavioristen war das einerlei: «Comparable results have been obtained with pigeons, rats, monkeys, human children and […] human psychotic subjects.» Eine – ähnlich der Hirnforschung – wahrlich biologistische, materialistische, mechanistische, damit reduktionistische und triviale Annahme.

Mit Pawlows Nachweis der Manipulierbarkeit eines Versuchstiers sind Psychologie und Pädagogik im wahrsten Sinn des Wortes «auf den Hund gekommen». Die Vorstellung von einem Lernen als bedingtem Reflex, als Einschleifen von Nervenbahnen, als «materieller» Tatsache kommt aber dem Marxismus-Leninismus mit seinem Glauben an die Veränderlichkeit des Menschen und mit seinen Machbarkeitsutopien entgegen. Geistiges spielt dabei

keine Rolle. Nach Watson (1914) ist der Mensch ein Reflexauto-
mat: «Es ist möglich, eine Psychologie zu schreiben und niemals
die Begriffe Bewusstsein, seelischer Zustand, Geist, Inhalt, Wille,
Phantasie und dergleichen zu gebrauchen.» Skinner entwickelt
daraus später Lehr- und Lernprogramme, die in den sechziger
Jahren als «Programmierter Unterricht» – zunächst – eine pädagogische Euphorie auslösten. Die Wirkung seiner Theorie freilich
hatte Skinner überschätzt, denn der Einsatz des über Jahre hinweg hochgejubelten Programmierten Unterrichts erzeugte, entgegen den Erwartungen, rasch Langeweile.

Joachim Fest (1993) beschreibt folgerichtig die Zeit seit
dem späten 18. Jahrhundert als eine Epoche, die sich von jeder
anderen durch den Glauben unterschied, dass der Mensch die
Unvollkommenheit seiner Bedingungen überwinden und die
Welt gleichsam neu erschaffen könne. Die Erfahrungen aber,
dass die neuen Verhältnisse immer wieder den alten Adam hervorgebracht hätten, seien wirkungslos verhallt. Sie hätten den
Glauben nicht aufgehalten, dass der Mensch neu gemacht und
zu einem störungsfreien funktionierenden Lebewesen entwickelt
werden könne, ameisenhaft geschäftig, von aller Zweideutigkeit
befreit und nur dem Gemeinwohl dienend. «Im Grunde ist die
Vorstellung des leidenschaftslos agierenden, durch Züchtung und
Erziehung abgerichteten Neuen Menschen nur ein anderer Ausdruck des Allmächtigkeitswahns der Epoche», so Joachim Fest,
die sich bis weit hinein ins 20. Jahrhundert fortgesetzt habe und
ihren parolenhaften Ausdruck in der Losung der russischen Revolution «Der Mensch wird umgebaut» gefunden habe.

Einmünden könnte dieser Machbarkeitswahn in Aldous Hux-
leys Horror-Utopie «Brave New World» oder die «Schöne neue
Welt». Dort geht alles noch viel schneller und besser. Dort werden

die jungen Erdenbürger in einer 34-stöckigen Brut- und Norm-
zentrale mittels Eugenik auf Anpassung getrimmt. Dort weiß
man, wie man «Alphas» – vulgo: High Potentials – formt und die
Jungen in sechseinhalb Jahren zum Erwachsensein durchschießt.
Und dort weiß man, wie man mittels Menschenproduktion am
Fließband einen Bienenstaat macht. Schöne neue Welt!

Diese größenwahnsinnige Vorstellung einer Machbarkeit aller
menschlichen Möglichkeiten durch «Bildung» nach vorgege-
benen Normen muss endlich überwunden sein, kommt sie doch
aus einem Behaviorismus, der seine Erkenntnis aus der Dressur
von Kleintieren gewann. Was gut für Ratten ist, soll für Kinder
gut sein?

Peter Sloterdijks boshafter Begriff der «Fötagogik» liegt gar
nicht zu weit daneben – nicht weit neben Huxley, auch nicht
weit neben so mancher Realität. In Kalifornien gibt es bereits eine
Prenatal University. Sie bietet ab der Mitte der Schwangerschaft
ein Fötentraining an. Das kommt den Züchtungsvisionen, die
Sloterdijk 1999 in seinen «Regeln für den Menschenpark» beschreibt, schon einen Meter näher: «Ob aber die langfristige Entwicklung auch zu einer genetischen Reform der Gattungseigen-
schaften führen wird – ob eine künftige Anthropotechnologie bis
zu einer expliziten Merkmalsplanung vordringt; ob die Menschheit gattungsweit eine Umstellung vom Geburtenfatalismus zur
optionalen Geburt und zur pränatalen Selektion wird vollziehen
können – dies sind Fragen, in denen sich, wie auch immer ver-
schwommen und nicht geheuer, der evolutionäre Horizont vor
uns zu lichten beginnt.» Man sollte in diesem Kontext an Albert
Schweitzers Warnung denken. Wer Übermenschen produzieren
will, bekommt am Ende Unmenschen. Denn – um Schweitzer
fortzusetzen – bei einem Designer-Kind aus der Retorte berühren

sich eugenische Vision und eupädagogischer Förderwahn. Kindheit «passiert» dann nicht mehr einfach, sondern sie wird nach Plan durchgezogen.

Vergessen wird dabei, dass jede Planung nur dann Sinn hat, wenn das Ziel halbwegs konkret und der Nutzen halbwegs kalkulierbar ist. Auf den Förderwahn angewendet, heißt das: Alle Frühförderung ist unnütz, wenn man sich über den Nutzen täuscht. Man kann die Zukunft der Kinder bei aller Versessenheit eben nicht planen und nach Plan umsetzen, denn Zukunft ist das, was «kommt» – oder anders kommt oder gar nicht kommt.

Hypersensible Traumagläubigkeit

So wie es Hypochonder und Ökochonder gibt, so gibt es auch Pädochonder. Die Ersten spüren nach dem Motto «Hypochondrie ist die einzige Krankheit, die ich noch nicht hatte» täglich eine oder mehrere Krankheiten in sich, die Zweiten wittern mehrmals wöchentlich Umweltkatastrophen, die Dritten fahnden immer und immer wieder nach Schäden, die Erziehung anstiften könnte. Es soll Eltern geben, die endlos lange Debatten führen, was das Kind denn heute anziehen will, kann, darf – alles andere könnte ja eine autoritäre Entscheidung sein, durch die der kleine Prinz traumatisiert würde.

Aber abseits aller Ironie: Unter vielen Eltern geht die Angst um, nicht genug für das Kind zu tun, ein Kind seelisch zu verletzen oder als Rabeneltern dazustehen. Nennen wir es Pädochondrie. Dabei ist allein das Bild von «Rabeneltern» völlig falsch, denn Rabeneltern sind sehr fürsorgliche Eltern. Offenbar ist die Angst, als Rabenmutter zu gelten, aber in Deutschland besonders ausgeprägt. In Frankreich geht eher die Sorge um, die

Kinder würden zu sehr umsorgt. Dort gilt ein anderes Federvieh als Projektionsfläche für Vorstellungen von falscher Erziehung: die «mère poule» – die Mutterglucke.

Das durch alles Mögliche verletzbare Kind ist ein Mythos. Gewiss können gravierende Erlebnisse ein Kind an Leib und Seele beschädigen und für ein späteres Leben vorverurteilen. Wir dürfen aber die Widerstandsfähigkeit von Kindern nicht unterschätzen. Ursula Nuber hat dazu bereits 1995 ein wichtiges Buch geschrieben. «Der Mythos vom frühen Trauma – Über Macht und Einfluss der Kindheit». Darin verwahrt sie sich gegen die um sich greifende Therapeutisierung und Pathologisierung der Kindheit und gegen die Betrachtung junger Menschen als Individuen, die fortwährend der professionellen Hilfe und des ständigen Weiterreichens von einer Instanz zur nächsten bedürften.

Die Tiefenpsychologie mag ihre Verdienste im Bereich des Klinischen haben. Psychoanalytiker neigen aber dazu, die in ihrer Praxis mit Patienten gemachten Erfahrungen auf die Gesamtheit hochzurechnen. Begriffe wie orale Regression, anale Fixation, Verdrängung, Ödipuskomplex oder frühkindliches Trauma gehen heute selbst psychologischen Laien flüssig von den Lippen. Depressionen, Ängste, Neurodermitis, Magengeschwüre, Essstörungen – für all diese Krankheiten und noch viele mehr wurde angeblich nachgewiesen, dass sie ohne entsprechende frühkindliche Erfahrungen nicht entstanden wären.

Der gebürtige Wiener, Sigmund-Freud-Verehrer und Psychoanalytiker Kurt R. Eissler (1908–1999) formulierte bis zuletzt «ohne einen Hauch von Zweifel»: «Es ist die grundlegende Erkenntnis der psychoanalytischen Forschung, dass, eine durchschnittliche Konstitution vorausgesetzt, die Ereignisse der ersten fünf Lebensjahre darüber entscheiden, ob aus dem Kind später ein Verbrecher oder ein Heiliger wird, ein Durchschnittsbürger oder ein Spitzenkönner, ein gesunder, angepasster Mensch oder einer, den Neurose und Depression zerreißen.»

Im Bereich der Erziehung wird die Tiefenpsychologie aber maßlos überschätzt, ja gar instrumentalisiert von einer «Psychoindustrie», der es um Kommerz geht und die in irreführender Weise mit dem Slogan wirbt: «Die ersten Jahre dauern ein Leben lang.» Es gibt aber keinen Kindheitsdeterminismus. Wir sollten wissen, dass Kinder ziemlich robust sind, eine Menge aushalten und es gar nicht gern haben, wenn ihre Eltern sie nur noch sehr gezielt und geplant erziehen.

Kinder sind – wie schon betont – sehr viel widerstandsfähiger, als allgemein angenommen wird. Kinder entwickeln nach emotional schwierigen Erfahrungen häufig neue Stärken. Menschen sind in sehr viel geringerem Ausmaß die Opfer ihrer Kindheit, als jahrzehntelang suggeriert wurde. Menschen sind nicht dazu verurteilt, ihr Leben lang an den ihnen einst zugefügten Wunden zu leiden. Niemandem wünscht man es, aber Traumata können sogar einen konstruktiven, kreativen Wert haben – ausgenommen die meisten Fälle von Misshandlung und Missbrauch. Natürlich ist eine glückliche Kindheit ein riesiges Kapital, von dessen Zinsen man ein Leben lang zehren kann. Aber eine glückliche Kindheit ist keine Garantie für ein erfülltes Leben: Aus einer glücklichen Kindheit kann unter widrigen Umständen eine problematische Biographie erwachsen, so wie sich umgekehrt aus einer unglücklichen Kindheit ein erfülltes Leben entwickeln kann. Die menschliche Entwicklung ist sehr viel chancenreicher, als es uns Traumadeterministen glauben machen wollen.

«Wer als Kind geschlagen wurde, schlägt auch seine Kinder. Wer mit einem alkoholkranken Vater aufgewachsen ist, wird selbst süchtig. Wer eine depressive Mutter hatte, wird auch depressiv. Scheidungskinder führen später selbst problematische Ehen. Wer – umgekehrt – fürsorgliche, liebevolle Eltern hatte, wird zu einem ausgeglichenen, stabilen, erfolgreichen, liebenswürdigen Menschen.» Diese «Urteile» zeigen Monokausalitäten auf, die es so nicht gibt. Frühe Erfahrungen müssen nicht Schicksal sein. Beethoven ist eines von vielen Beispielen, dass sich Talent sogar gegen äußerst ungünstige Widerstände durchsetzen kann: Beethovens Vater war nämlich ein extremer Säufer.

Die Determinismustheorie ist pädagogisch und psychologisch wenig hilfreich. Dieser Determinismus hat vielleicht seine Richtigkeit in den vielen Fällen von Kindesmisshandlung und Kindesmissbrauch. Gemäß Freud ist der determinierende seelische Einfluss der frühen Kindheit derart groß, dass angeblich kein Mensch eine Chance hat, ihm zu entrinnen. Aber: Frühe Prägungen wirken nur unter extremen Bedingungen determinierend, sonst allenfalls prädisponierend. Es gibt keinen Eins-zu-eins-Determinismus. John T. Bruer belegt dies recht eindrucksvoll in seinem im Jahr 2000 erschienenen Buch «Der Mythos der ersten drei Jahre – Warum wir lebenslang lernen». Bruer bestreitet nicht das Vorhandensein von «kritischen Perioden» bei der Hirnreifung und Hirnentwicklung, doch zeigt er auf, dass Lernen und kognitive Entwicklung während der gesamten Kindheit und darüber hinaus ein ganzes Leben lang stattfinden. Kinder und ihre Gehirne sind auch bemerkenswert widerstandsfähig, Kinder verfügen über geradezu grenzenlose Kompensationskräfte.

Die spannende Frage aber bleibt, wie es Kindern gelingt, schlimme Zeiten zu überstehen. Die Resilienzforschung kann ein paar Antworten auf diese Frage geben. Der Begriff meint wörtlich: zurückspringen, abprallen. Ursprünglich beschreibt Resilienz die

Eigenschaft eines Materials, bei Verformungen wieder in seine Ursprungsform zurückzukehren. Auf den Menschen übertragen meint man damit – bildhaft – die Fähigkeit und die Bereitschaft, in die Spur zurückzuspringen, wenn man aus der Bahn geworfen wurde. Jedenfalls ist es gut, dass sich Psychologie und Psychiatrie nicht mehr nur der Pathogenese, sondern der Salutogenese widmen, das heißt: nicht nur die krankmachenden, sondern die gesundmachenden Faktoren in der Entwicklung eines Menschen berücksichtigen.

Interessantes Ergebnis der Resilienzforschung sind die Identifikation der Merkmale von «Unverletzlichen» und Stressresistenten – nämlich: Resiliente Menschen empfinden sich der Situation nicht ausgeliefert, sie gehen Probleme aktiv und realistisch an. Um diese Fähigkeit zu fördern, sollte man den Kindern deshalb nicht alle noch so kleinen Probleme rauben, sonst entwickeln sie keine «protektiven» Strategien, keine «Schutzengelfaktoren».

Resiliente Menschen haben sich übrigens oft früh von ihren Eltern distanziert, indem sie «herumstreunten», bereits in ganz jungen Jahren Jobs annahmen, früh eigenes Geld hatten und sich dadurch etwas unabhängiger machten. Andere kompensierten ihre traumatischen Erlebnisse, indem sie Extraaufgaben in Schule, Verein oder Jugendgruppe annahmen.

Nicht selten gehen aus traumatisierenden Familienkonstellationen ungewöhnlich reife, psychisch gesunde und widerstandsfähige Menschen hervor. Selbst eine schlimme Kindheit wird in sehr vielen Fällen überwunden. Man muss dabei nicht so plakativ argumentieren wie Wendy Mogel (2008), die ein aufgeschlagenes Knie für einen Segen hält, aber es ist schon etwas dran, dass Kinder durch Krisen oder Belastungen stark werden können. Rein biologisch betrachtet wissen wir das aus der Immunologie und aus der Trainingslehre längst.

Der elterliche bedient den kindlichen Narzissmus

Der Begriff «Narzissmus» rekurriert auf den antiken Mythos von Narziss, der an ein Wasser kam und sich dort in sein Spiegelbild verliebte. Nach einer der vielen überlieferten Versionen will sich Narziss mit seinem Spiegelbild vereinen. Er fällt dabei aber ins Wasser und ertrinkt.

Dieses Ende wollen wir nicht unterstellen und schon gar nicht erhoffen. Aber eine Parallele zur «modernen» Pädagogik liegt nahe. Die quasimoderne Pädagogik hat nämlich das narzisstische Selbst – in diesem Fall zunächst der Kleinen – zum Fetisch erhoben. Die Lern- und Förderziele dieser Pädagogik lauten deshalb: Selbstbestimmung, Selbstentfaltung, Selbsterfahrung, Selbsterziehung, Selbstevaluation, Selbstkonzept, Selbstqualifizierung, Selbstregulierung, Selbststeuerung, Selbstunterricht, Selbstvergewisserung, Selbstverwirklichung, Selbstwerdung, Selbstwirksamkeit, Selbstzentrierung. Nicht angesagt sind leider: Selbstbeherrschung, Selbstbesinnung, Selbstdisziplin, Selbstironie, Selbstkritik, Selbstlosigkeit. Und dass aus lauter Selbst schließlich Selbstbesessenheit, Selbstbespiegelung, Selbstbetrug, Selbstgefälligkeit, Selbstgerechtigkeit, Selbstherrlichkeit, Selbstsucht, Selbsttäuschung, Selbstüberschätzung werden können, darüber grämen sich egomanisch infizierte Visionäre nicht. Autismus wird damit zur (Unterrichts-)Methode. Psychoanalytiker würden sagen: Das ist die Projektion des Egotrips der Erfinder auf die Kinder.

Ob dahinter schlicht und einfach nur Sigmund Freuds Lustprinzip oder Michel Foucaults «Autofinalisierung» und «Auto-subjektivierung» samt seiner Forderung nach Befreiung von Fakten und Lasten steckt, ist nicht bekannt. Aber Foucaults Kernsatz «Das Selbst ist das definitive und alleinige Ziel der Selbstsorge» und sein Imperativ «Kümmere dich um dich selbst!» scheinen in die Pädagogik eingedrungen zu sein. Alfred Schirlbauer, Pädagogikprofessor an der Universität Wien, kritisiert in Vorträgen heftig diese «Neue Lernkultur», der zufolge «Schülerinnen und Schüler ihr Lernen selber organisieren und planmäßig Lehrfunktion übernehmen» und der zufolge «alle Lehrende und alle Lernende» seien. Er folgert messerscharf: Wenn alle in der Schule Lernende seien, habe es wenig Sinn, die in der Regel Älteren unter ihnen zu bezahlen, die anderen nicht.

Viele Eltern leben und fördern diesen Tanz um das goldene Selbst. Das Kind wird zum Projekt, zum Eigentum, zum wichtigsten Investitionsprojekt, zum Statussymbol, zur Visitenkarte, zum Prestigeobjekt. Das hat viel mit Projektionen zu tun. Solche Projektionen gehen oft auf als Selffulfilling Prophecy, das heißt, als sich selbst erfüllende Prophezeiung und als Pygmalion-/Rosenthal-Effekt. Selffulfilling Prophecy bedeutet hier, dass Eltern durch ihr Verhalten unwillentlich, unbewusst, suggestiv das von ihnen erwartete Verhalten des Kindes provozieren. Wenn ich meinem Kind tagaus, tagein suggeriere, für wie toll ich es halte, dann verhält sich das Kind auch so. Wenn ich ihm suggeriere, dass ich nichts Großartiges von ihm erwarte, dann wird es meine Erwartungen womöglich noch unterbieten. Diese Dynamik ist übrigens oft der Grund, warum sich die Prophezeiungen von Horoskopen gelegentlich real einstellen. Der Pygmalion- bzw. nach seinem «Entdecker» auch Rosenthal-Effekt benannte Effekt besagt ebenfalls, dass Eltern ihren Kindern in unterschwelliger

Weise ihre Erwartungen einimpfen. Der Begriff «Pygmalion» geht zurück auf den antiken Künstler Pygmalion, der sich in eine von ihm geschaffene Frauenstatue verliebt, die am Ende tatsächlich lebendig wird.

Das Leitmotiv der durch das Kind erhofften Selbstverwirklichung der Eltern wird zum Nährboden eines zumindest latenten Narzissmus. Außerdem meinen Eltern unbewusst, mit ihren Kindern demonstrieren zu können, welche Gene man weitergegeben hat und was man alles in das Kind investiert. Für das Kind ist das eine gefährliche Angelegenheit: Geht alles gut, dann wird aus dem Hoffnungsträger der Stolz der Eltern, geht es schief, dann wird aus ihm ein Sündenbock. Letzteres kommt vor allem dann zum Tragen, wenn ein Kind mit einem angeborenen Fehler zur Welt kommt. Für viele Eltern ist dies ein schweres narzisstisches Trauma.

Eigene Wünsche der Eltern, womöglich unerfüllte, und Zukunftsängste werden in das in vielen Fällen einzige Kind hineinprojiziert. Selbst in vergleichsweise harmlosen alltäglichen Situationen kommt dann die erfahrene narzisstische Kränkung zum Vorschein: «Es kann doch nicht sein, dass *wir* in Mathe wieder eine Fünf kassiert haben, *wir* haben doch so viel miteinander geübt.» Solche Sätze mit dem Plural «wir» kommen in Gesprächen von Eltern mit Lehrern gar nicht selten aus Elternmund. Das Umgekehrte gilt in gleichem Maße, wenn eine Leistung des Kindes und implizit der Beitrag der Eltern dazu glorifiziert werden: «*Wir* haben eine Eins in Latein geschafft.» – «*Wir* sind beim letzten Turnturnier Regionalmeister geworden.» Dann wird das Kind zum Statussymbol, zum Trophäenkind (vgl. Ron Alsop: «Trophy Kids»), zum Werbeposter, Plakat. Das Kind steht auf einem Podest als öffentliche Repräsentanz und sozusagen als Portfolio der Eltern. Am Ende meinen viele Kinder gar, sie seien das Ideal dieser Zeit. Ein Jugendwahn, der bis hinauf in die Großelterngeneration reicht, und die Bereitschaft der «Alten», das «Outfit» und den Jugendjargon zu imitieren, signalisieren den Heranwachsenden, dass sie tatsächlich ein Leitbild darstellen.

Christopher Lasch (1979) hat sich eingehend mit dem Zusammenhang zwischen Narzissmus und der Permissivität in der Erziehung befasst. Er schreibt: «Verbesserte Methoden der Geburtenkontrolle hatten dem progressiven Glaubensbekenntnis zufolge die Eltern von der Last unerwünschter Kinder befreit. In der Praxis schien diese Freiheit jedoch auf die Verpflichtung hinauszulaufen, den Kindern zu jedem Zeitpunkt ihres Lebens das Gefühl des Erwünschtseins zu geben.» Das heißt auch, das Gefühl, etwas Besonderes zu sein, zu geben. Der Kinderanalytiker Bruno Bettelheim machte in seinen wegweisenden Schriften unter anderem deutlich: «Es wächst im Augenblick eine sehr ichbezogene Generation heran, weil die Eltern ihren Kindern nicht genug von sich selbst geben – ich meine nicht Zeit, sondern Gefühle. Diese Kinder werden sich genau wie ihre Eltern auf sich selbst konzentrieren.»

Kindheit ist für manche Eltern in ihrer bisweilen blinden Vernarrtheit in den eigenen Nachwuchs zur Projektionsfläche überhöhter Zukunftserwartungen geworden. Kinder sollen die Karriere der Mütter nicht bremsen, sie sollen die Renten sichern, sie sollen dem Leben ihrer Eltern Sinn geben. Das geht so weit, dass sich Mütter und Väter oft nur noch über ihre Identität als Eltern definieren, nicht mehr aber als Partner, als Paar.

Ein Prachtkind muss das Kind sein, zumindest dem Namen nach. Bereits mit dem Namen soll es sich von der Masse abheben. Coole Vornamen für das eben Neugeborene sollen signalisieren, dass auch die Eltern cool sind. Laut dpa-Umfrage vom März 2013 beim Bundesverband der Deutschen Standesbeamten und beim «Namenskundlichen Zentrum der Universität Leipzig» werden immer häufiger ungewöhnliche Vornamen für ein Neugeborenes gewählt. Falls Standesämter einen Vornamen in seltenen Fällen doch ablehnen, ziehen nicht wenige Eltern sogar vor Gericht, um einen Namen durchzuboxen. Und so heißen die Kleinen denn: Sexmus Ronny, Don Armani, Camino Santiago Freigeist, Brooklyn, Bentley, Tarzan, Schneewittchen, Apple, Peaches … alles kommt vor. Allerdings gibt es gewisse Zusammenhänge zwischen dem Bildungsgrad der Eltern und der Wahl des Vornamens. «Bildungsferne» suchen sich eher ausgefallene Namen, Bildungsbürger eher Namensklassiker wie Maximilian, Alexander, Paul, Marie, Sophie und Anna.

Dieser «kleine» Narzissmus im Alltag geht wohl damit einher, dass unsere ganze Epoche geprägt ist von der Signatur eines Narzissmus. Hans-Joachim Maaz (2012) hat dies sehr schön beschrieben: «Unsere Gesellschaft ist in die Narzissmus-Falle geraten.» Maaz fügt freilich unmittelbar an: «Der narzisstische Mensch ist im Kern ein um Anerkennung ringender, stark verunsicherter Mensch.» Für Maaz ist die narzisstische Bedürftigkeit gar ein zentrales Symptom der meisten Bürger der westlichen Konsumgesellschaften. Maaz erinnert damit im Grunde an Erich Fromms wohl bekanntestes Werk «Haben oder Sein» (1976). Fromm sieht in der Abhängigkeit des modernen Menschen vom Haben das Grundübel der heutigen Zeit. Wichtiger wäre, so Fromm, das Sein als einzige Chance für ein erfülltes, nicht zweckentfremdetes Leben zu sehen. Das Haben bzw. das Habenwollen allein endeten in Narzissmus, Egozentrik, Selbstsucht. Erich

Fromm warnt deshalb vor der zunehmenden Abhängigkeit des modernen Menschen vom Haben, die den Menschen hindert, das Sein zu erleben.

Gewiss ist ein normal ausgeprägter Narzissmus wichtig für die Entwicklung eines Selbstwertgefühls. Dies zu fördern ist Aufgabe der Erziehung. Es ist dies sogar ein christliches Gebot: «Liebe deinen Nächsten wie dich selbst.» Das impliziert völlig gleichberechtigt, dass der Mensch sich auch selbst liebt. Wem dieser normale Narzissmus fehlt, der schlittert schnell in Minderwertigkeitsgefühle hinein, die depressive oder gar suizidale Ausmaße annehmen können. Alain Ehrenberg hat dieses Problem in seinem Werk «Das erschöpfte Selbst – Depression und Gesellschaft in der Gegenwart» von 2004 beschrieben. Depression ist für ihn eine «Krankheit der Freiheit», denn der Mensch werde durch die Überfülle an Optionen der Selbstverwirklichung in eine «narzisstische Erschöpfung» getrieben.

Zurück zu den Überlegungen von Maaz und zur Erziehung. Maaz schreibt: «Das wesentliche Kriterium einer narzisstischen Elternschaft ist die Tatsache, dass die Eltern die Kinder für ihre Bedeutung und Stabilität brauchen. Somit sind sie keine Eltern, die für ihre Kinder da sind, sondern die Kinder müssen für ihre Eltern da sein.»

Dass sich Eltern gern im Erfolg und im Ansehen ihrer Kinder spiegeln, ist zunächst einmal das Normalste auf der Welt. Schwierig für das Kind wird es laut Maaz dann, wenn in die Kinder ein Übermaß an elterlichem Ehrgeiz hineinprojiziert werde und wenn Eltern ihre Kinder spüren ließen, dass sogar das elterliche Ego mit dem Erfolg und dem Ansehen ihres Kindes steht und fällt. Die besondere Gefahr des elterlichen Narzissmus für Kinder liegt schließlich darin, dass sie durch eine zu offensichtliche und vom

Kind spürbare Projektion ihrer Identität beraubt werden. Sie merken, dass sie nur Darsteller eines Plans und Ego-Attrappen ihrer Eltern sind. Auch das stolze, auf das Kind bezogene «Genau wie ich» kann eine riesige Last sein. Eine weitere Folge kann sein, dass altkluge Kinder daraus erwachsen.

Egalisierung und Infantilisierung

Bei Salomon heißt es: «Weh dir Land, des König ein Kind ist.» In Matthäus 18 sagt Jesus: «Wenn ihr nicht umkehrt und werdet wie die Kinder, so werdet ihr nicht in das Himmelreich eingehen.» Ein Widerspruch zwischen Neuem und Altem Testament? Überlassen wir die Antwort Bibelexegeten.

Das Bild vom «Kind als König» gab es also offenbar schon sehr früh. Sogar Sigmund Freud, für den das Kind alles andere als ein unschuldiges Wesen war, spricht von «His Majesty the Baby». Wird ein Kind so behandelt, dann kommt es gar nicht umhin, sich als Mittelpunkt des Universums, zumindest als Chef der eigenen Familie zu fühlen. Pascal Bruckner (1996) spricht gar von einem «Imperialismus des Kleinkinds».

Kognitionspsychologisch und aus dem Horizont der Kinder betrachtet, ist das Selbstbild von Kindern als «König» nachvollziehbar. Dieses Selbstbild stellt die Verlängerung eines egozentrischen Weltbildes dar, das die gesamte Kindheit prägt und außerhalb deren nichts existent ist. Kinder in dieser Phase sind noch nicht fähig, sich in andere Menschen hineinzuversetzen, aus deren Perspektive zu denken und zu fühlen sowie die eigene Perspektive als nur eine von verschiedenen zu begreifen. Damit erklären sich so manche kindliche Allmachtsphantasien.

Diese egozentrische Weltsicht sollte sich allerdings in etwa mit der Einschulung erledigen. Haben es hier die Eltern aufgrund einer zu ausgeprägten Verwöhnung, Verschonung und Überbehütung versäumt, dem Kind die Fähigkeit zum Perspektivenwechsel zu vermitteln und verlässt das Kind dann den Kreis der Familie, dann ist es nicht mehr der King, sondern der Kaiser, der wie in «Des Kaisers neue Kleider» nackt dasteht. Im Erleben des Kindes kann das einem Absturz gleichkommen.

Viele Eltern fangen das dadurch auf, dass sie dem Kind nach wie vor den Status des Chefs, zumindest den Status des gleichberechtigten Partners aufrechterhalten. Norbert Elias weist in seinem Aufsatz «Zivilisierung der Eltern» von 1980 darauf hin, dass viele Probleme der heutigen Eltern-Kind-Beziehung Zivilisationsprobleme seien, unter anderem der schwindende Machtunterschied zwischen Eltern und Kindern.

Wir erleben damit in vielen Familien eine Pervertierung der Rollen, ja eine Umkehrung des Machtgefälles: Das Kind übernimmt das Kommando, die Eltern sind die Bittsteller. Das Kind spürt, dass es seine Liebe zu den Eltern an Bedingungen knüpfen kann. Eltern fordern keinen Respekt mehr ein, weil sie geliebt werden wollen. Jürgen Oelkers (2002) diagnostiziert, dass Erziehung zu einer Sache der Verhandlung geworden ist und der kleine Partner oft stärker ist als der große. Plakativ formuliert: Erziehungshaushalte sind zu Verhandlungshaushalten geworden.

Es ist nicht immer auszuschließen, dass die Kinder zu Erziehern ihrer Eltern geworden sind, dass es zu einem Rollentausch kam und dass die Eltern heutzutage das Kind brauchen – nicht umgekehrt. Frank Furedi («Die Elternparanoia – Warum Kinder mutige Eltern brauchen», 2002) sieht darin eine Abwertung der Autorität der Erwachsenen. Er sieht Erwachsene infantilisiert und Kinder wie Mini-Erwachsene behandelt. Furedi nennt das eine «umgekehrte Sozialisierung». Für Pascal Bruckner (1996) kommt damit ein eigenartiger Kreislauf zustande: «Wir äffen unsere Kinder nach, und sie kopieren uns.»

Dieser Trend kommt einer Egalisierung von Eltern und Kindern gleich. Vor allem ist es Egalisierung, wenn Kinder wie Ehepartner behandelt werden und die Beziehung eines Kindes zu einem Elternteil zumal in Zeiten serieller Monogamie die beständigste Beziehung ist.

Es gibt mehr Familien, in denen die Kinder Entscheider sind, als man glaubt. Laut Allensbach-Generationenbarometer geben 43 Prozent der 16- bis 29-Jährigen an, dass sie als Kind vieles selbst entscheiden durften, bei den 60-Jährigen und Älteren waren es nur 15 Prozent. Dem aber nicht genug: Viele Eltern lassen Kinder mitentscheiden oder allein entscheiden, wenn es eigentlich um die Entscheidung von Erwachsenen geht. Laut einer Studie der Universität Wien von 2009 bestimmen Kinder das Konsumverhalten ihrer Mütter maßgeblich mit. «Was möchtest du essen?» Am Ende heißt es: «Es wird gegessen, was auf den Tisch kommt! Aber was auf den Tisch kommt, bestimmen die Kids!» Kinder entscheiden nicht selten, welches Müsli, welcher Joghurt, welche Tiefkühlkost, womöglich welches Auto gekauft wird. Die Marketingstrategen wissen das. Bei ihnen heißen die Kinder «Markendurchsetzer».

Kinder auf der Augenhöhe von Eltern, und das womöglich schon sehr früh? Babys, so liest man aus der neueren Säuglingsforschung, seien «geborene Experten», Experten ihres eigenen Verhaltens, und sie wüssten selbst, was für sie das Beste sei.

Von einer Egalisierung von Eltern und Kind zeugt auch der Jugendwahn eines Teils der aktuellen Elterngeneration. Eltern scheint es ein Bedürfnis zu sein, sich auf das Styling ihrer Kinder einzustellen, wahrscheinlich um als ihre Freunde gelten zu können. Das Outfit von Kindern und Erwachsenen wird dann immer einheitlicher. Mutter und Tochter flanieren in den gleichen Designerschuhen und -jeans durch die City. Vater und Sohn raufen sich, wer die neue Rock-CD als Erster hören darf. Zugleich macht es Eltern Spaß, die Kleinen in die Miniaturausführung von Erwachsenenkleidern zu stecken und das Kind solchermaßen als Miniaturausgabe von sich selbst zu präsentieren. Umgekehrt fangen Erwachsene an, Kleider zu tragen, die, historisch gesehen, der Jugend vorbehalten waren.

All dies wurde mitbeeinflusst von den 1968ern, die die Elternrolle verweigerten und darauf bestanden, großer Bruder, große Schwester, bester Freund ihrer Kinder zu sein. Es ist dies ein Stück elterlicher Infantilismus. Johan Huizinga (1872–1945) spricht von einem kollektiven «Puerilismus». In einer fortschreitend infantilisierten Welt ist es damit schier unmöglich, erwachsen zu werden, es regredieren nämlich die Eltern. Michael Winterhoff (2010) meint zu Recht: «Kinder müssen Kinder sein dürfen, Erwachsene müssen Erwachsene sein wollen.»

Egalisierung und Infantilisierung sind auch im politischen und gesellschaftlichen Bereich im Gang. Im Jahr 2007 brachte das Bundesministerium der Justiz die Broschüre «Meine Erziehung – da rede ich mit! Ein Ratgeber für Jugendliche» heraus. Adressaten sind 10- bis 17-jährige Heranwachsende. Im Vorwort der damaligen Justizministerin Brigitte Zypries (SPD) ist zu lesen, dass sie für eine «partnerschaftliche Erziehung» plädiert. Eltern werden sozusagen in ihre Schranken gewiesen. Oder nehmen wir die Kinderparlamente, die Wahl von Kinderbischöfen usw. Wann gibt es den ersten Kinderpapst? Alles im Grund Beispiele von Egalisierung und Infantilisierung. Oder nehmen wir die Diskussion um das Wahlalter: Begann im deutschen Kaiserreich die Wahlmündigkeit noch mit 25, in der Weimarer Republik mit 20, in der Bundesrepublik bis zum Jahr 1974 mit 21 Jahren, so ist sie seitdem – wie fast überall in der Welt – auf die Vollendung des 18. Lebensjahres festgesetzt.

Bestimmte Jugendforscher freilich meinen, dass Kinder schon mit 12 oder 14 Jahren wahlmündig seien. Während die tatsächliche Jugendphase immer mehr verlängert wird und junge Menschen immer später selbständig werden, während im Jugendstrafrecht immer mehr Nachsicht wegen «Unreife» geübt wird, glaubt man, mit Jungwählern im Kindes- und Jugendalter auf Stimmenfang gehen zu können. Dahinter steckt ein Populismus, der als Jugendfreundlichkeit verkauft wird. Wer allerdings den Wahlakt infantilisiert, der degradiert ihn zum Kinderspiel. Wählen zu dürfen kann keine erzieherische Maßnahme der politischen Bildung sein. Das Wahlrecht soll nicht zur Reife hinführen, sondern das Wahlrecht setzt diese voraus.

Erziehung und Bildung als Ersatzreligion

Erzieher in Familie und Schule sollten in ihrem Reflektieren und Handeln einmal innehalten und sich selbstkritisch die Frage stellen, ob Erziehung und Bildung nicht mehr und mehr zu etwas Quasi- und Parareligiösem geworden sind. In Deutschlands Bildungspolitik scheinen nämlich seit einiger Zeit zwei große Glaubensgemeinschaften zu missionieren. Die eine Konfession ist die der PISA-Gläubigen. Zwar kann man mit PISA alles, also nichts erklären. Trotzdem feiern die Hohepriester der Gesamt-, Gemeinschafts- und Einheitsschulbewegung mit ihrer reichlich eigenwilligen PISA-Exegese fröhlich Auferstehung. Ihr apokalyptisches Hosianna lautet: Mit dem deutschen PISA-Ergebnis sei der Jüngste Tag für das gegliederte, begabungs- und leistungsorientierte Schulwesen angebrochen. Die Heilsversprechen sind entsprechend: Qualitätssteigerung, dem Kind gerecht zu werden, soziale Gerechtigkeit und so weiter.

Die andere Konfession ist die «Bologna»-Konfession. Mit «Bologna» kann man ja ebenfalls alles und damit nichts begründen. Aber an frohen Botschaften fehlt es auch hier nicht: «Bologna» samt Bachelor, Master, Workloads und Credit Points schaffe Effizienz, Straffung, Mobilität, Modularisierung, Kompatibilität, Praxistauglichkeit und eine Steigerung der Akademikerquote.

Das ist viel Diesseits- und Sozialreligion auf einmal. Große Teile der bildungspolitischen Debatte in diesem unserem Lande haben tatsächlich etwas Sakrales und Kultisches an sich. Wie bei einer Litanei beten PISA- und Bologna-Vorbeter mit einer Art klerikalen Anspruchs Beschwörungsformeln vor. Vorausgeschickt werden dabei gerne apokalyptische Bilder von einer verderbten Wirklichkeit, die es zu transzendieren gelte. Für Norbert Bolz («Das Wissen der Religion», 2008) ist jedes Heilsversprechen ohnehin zugleich Elendspropaganda.

Da und dort blitzt der sakrale Anspruch sogar unverstellt auf. Immer wieder ist etwa von sogenannten Reformschulen als «Kathedralen der Bildung» die Rede. Im Grunde steckt hinter vielen Debatten um Erziehung und Bildung tatsächlich eine «Religion», nämlich die eines radikalen Egalitarismus und einer «heiligen» Gleichheit (Robespierre). Manche Jakobiner hatten in ihrem Gleichheitseifer übrigens vor, die Kirchtürme zu schleifen, weil diese ungleich seien. Entsprechende Attitüden kommen heute nicht mehr mit der Guillotine, sondern mit bildungspolitischen

Evangelien («frohen Botschaften»). Und klar ist auch: Wo es Religionen gibt, da gibt es Glaubenskriege.

Religion entsteht bekanntermaßen dann, wenn der Mensch an die Grenzen seines Machens stößt oder meint, mit Ritualen etwas in die gewünschte Richtung lenken zu können. Das sind gemäß Sigmund Freud (1972, 1973) auch die Funktionen von Religionen: Sie sollen – außer dass Religionsgründer damit recht schön Vorschriften, Verbote und Gebote erlassen können – helfen, Ängste oder Schuldgefühle zu bewältigen, im Unglück Trost spenden, vom Gefühl der Ohnmacht befreien. Weil Menschen aber zu allen Zeiten von solchen Gefühlen geprägt waren, bleibt die Summe aller Glaubenssätze – in welchem Gewande auch immer – wohl über alle Zeiten hin gleich.

Weniger tiefenpsychologisch ergründet, könnte man mit Eduard Spranger festhalten: Religion und Glaube entstehen aus der Beunruhigung und der Unzufriedenheit über die Unzulänglichkeit des Lebens und der Welt. Dies kommt umso mehr zum Tragen, je komplexer die Welt ist. Je undurchdringlicher die Lebensumstände werden, desto mehr suchen die Menschen nach einfachen Wenn-dann-Beziehungen. Kontingenz aber, das Unwägbare, verwirrt. Dogmen dagegen schützen vor einem endlosen Kreisen in unbeantwortbaren Fragen, so Norbert Bolz (2008). «Zugleich», so Bolz weiter, «bedeutet jede Sakralisierung, dass ein Sachverhalt unbefragbar wird und einfach an ihn zu glauben ist.»

Helmuth Schelsky (1975) nennt die Sehnsucht nach Einfachheit eine «Reprimitivisierung des Erkenntnisvermögens» und «ein sicheres Zeichen des Entstehens einer neuen Religiosität». Im Kern – so ebenfalls Schelsky – läuft jede Ersatzreligion auf eine «Heilsvergottung der Gesellschaft als Basis für einen dereinst vollkommenen sozialen und individuellen Zustand» hinaus.

Einmal mehr ist nicht der Einzelne für sich verantwortlich, sondern die Gesellschaft ist es – für alles und für jeden Einzelnen. Das Bildungswesen hat dafür geradezustehen.

Der sakrale Anstrich kommt immer mehr in der elterlichen und schulischen Erziehung zur Geltung. Wenn es früher mit den Kindern nicht klappen wollte, dann schickten Eltern, Großeltern, Lehrer und Pfarrer ein Stoßgebet gen Himmel. «Jetzt hilft nur noch beten», hieß es dann. Heute sind es pädagogische Stoßgebete, die abgesetzt werden: «Jetzt helfen nur noch Förderkurse, Beschwerden, Schulreformen ...» Für den Lüneburger Anthropologen Dieter Neumann (2008) brechen hier «religiöse Muster durch: Niemand ist verloren, jeder kann gerettet werden.»

«No Child Left Behind» heißt ein Bildungsgesetz, das in den USA seit 2002 in Kraft ist. Kein Kind verloren geben, die Pädagogik wird es schon richten. Das ist «Religion» – entstanden aus der Sorge um die Zukunft des Kindes in einer verworren anmutenden Welt.

Es ist zutreffend, wenn Norbert Bolz meint, drei Kandidaten würden in der Welt von heute den gnädigen Gott ersetzen: die gerechte Gesellschaft, die heile Natur und das wahre Selbst. Vor allem im Letzteren sieht Bolz den Gegenstand der heimlichen Religion der modernen Gesellschaft. Einen vierten Kandidaten hat Bolz vergessen, es sei denn, man betrachtet diesen vierten Kandidaten als Ersatz-Selbst – das Kind nämlich. An anderer Stelle artikuliert Bolz diesen Gedanken allerdings, nämlich wenn er Kindlichkeit als «die Signatur unserer Zeit» sieht und feststellt, dass Kindheit heute als schier sakrosankt betrachtet wird, also – wörtlich – zugleich als «sacrum» und «sanctus», und damit als unverletzliche Heiligkeit.

Von vielen Eltern – bisweilen von Teilen der Politik und Gesellschaft – wird das Kind als etwas Göttliches betrachtet. Eltern scheuen sich nicht zu bekennen, dass sie ihr Kind «abgöttisch» lieben, und sie überhöhen kindliche Eigenheiten – etwa Kreativität und Intuition – geradezu kultisch. Dass eine Vergötterung der Kinder für diese eine gewaltige Last ist, steht auf einem anderen Blatt. Jedenfalls scheint es, wie wenn die Theodizee als die Lehre von der Rechtfertigung Gottes in einer Welt der Übel eine Art «Pädodizee» an die Seite bekommen habe: eine Rechtfertigung «schöpferischer» Pädagogik in einer verkorksten Welt.

Kollateralschäden für Kind und Gesellschaft

Kontrollierte Kinder kennen kein Dürfen, überbehütete Kinder kennen kein Können, verwöhnte Kinder kennen kein Müssen und kein Sollen. «Es ist eben bequem, unmündig zu sein», hat schon Immanuel Kant festgestellt. Zu den sichersten Methoden, Kinder unmündig und lebensuntüchtig zu machen, zählen neben der Kontrolle und dem Förderwahn tatsächlich Verwöhnung, Verschonung und Überbehütung.

Der weiteren Biographie der Kinder ist das absolut nicht förderlich. Selbst wenn es plakativ klingt, trifft es zu, was Albert Wunsch rhetorisch fragend in seinem Band «Die Verwöhnungsfalle» schreibt: «Kennt ihr das sicherste Mittel, euer Kind unglücklich zu machen? Gewöhnt es daran, alles zu bekommen!»

Je aktiver die Eltern, desto passiver die Kinder! Das heißt, so manche Kinder werden erdrückt von zu viel elterlicher Liebe und Fürsorge. Aus der Verhaltensforschung und der Zoologie kommt dazu der Begriff der Affenliebe. Dieser Ausdruck geht bis in die Antike zurück: Schon Plinius erzählt, dass Affenmütter ihre Kinder manchmal aus lauter Liebesgetue zu Tode drücken. Und noch im frühen «Brehms Tierleben» kann man lesen, dass beim Tode ihres Kindes manche Affenmutter aus Kummer zugrunde gehe. «Affenliebe» meint auf uns Menschen bezogen die Zerstörung des Kindes aus egoistischem Besitzanspruch der Mutter, weniger tragisch sprechen Verhaltensforscher von einem emotionalen Wärmetod.

Indoktrinierte miese Laune

Dass Verwöhnung – gepaart mit Indoktrination – bei jungen Leuten miese Laune macht, hat im April 2013 der UNICEF-Bericht zur Lage der Kinder belegt. Diesem Bericht zufolge stehen Deutschlands Kinder unter den Kindern aus insgesamt 29 untersuchten Ländern in puncto Lebensumstände auf Platz 6, bei der Lebenszufriedenheit auf Platz 22 – hinter Spanien, Estland, Slowenien, Italien, Portugal usw. Wir haben in Deutschland also offenbar ein Luxusproblem. Je besser die Lebensumstände sind, desto mehr wird auf hohem Niveau gejammert. Schuld daran ist unter anderem eine schulpolitische und schulpädagogische Debatte, die den Kindern Stressgefühle indoktriniert. Schulstress in Deutschland ist aber zu erheblichen Teilen gefühlter Stress. Die Schülerschaft vieler anderer Länder der Welt wird in weitaus größerem Maße in Anspruch genommen. Mitverantwortlich für die Unzufriedenheit junger Menschen mit ihrer Lage sind dabei Organisationen, die Eltern und Schülern einreden, sie hätten nur mit Abitur und Studium Zukunft. Dabei zeichnet sich Deutschland durch eine der weltweit niedrigsten Quoten an arbeitslosen

Jugendlichen aus. Das sollte eigentlich Grund zu mehr Zufriedenheit sein. Was müssten sonst Jugendliche aus Süd- oder aus Osteuropa zu ihrer Lage sagen?

Verwöhnte, verschonte und überbehütete Kinder haben auch keine Eigeninitiative entwickeln können, weil sie Hilflosigkeit gepaart mit hohen Ansprüchen erlernt haben. Sie verlassen sich darauf, dass die Eltern alles für sie erledigen. Sie werden deshalb auch häufiger Opfer von Mobbing. Der Psychologe Dieter Wolke von der britischen Universität in Warwick hat im Mai 2013 auf der Basis der Zusammenschau von 70 Studien mit insgesamt 200 000 Kindern festgestellt, dass Kinder mit besonders behütenden Eltern ein höheres Risiko haben, Mobbingopfer zu werden. Wolke erklärt das damit, dass es diesen Kindern am Rüstzeug fehle, mit Unannehmlichkeiten und Attacken fertigzuwerden (Zeitschrift «Child Abuse & Neglect», online).

Überbehütete Kinder werden nie mündig. Solche Kinder lernen nie, für das eigene Tun Verantwortung zu übernehmen. Solchen Kindern wird es später an Unternehmergeist fehlen. Das sollte sogar volkswirtschaftlich zu denken geben. Immerhin ist es laut Eurobarometer für nur noch 19 Prozent der Deutschen erstrebenswert, als Selbständiger zu arbeiten. In Frankreich wollen das 28, in Amerika 42 Prozent.

Verwöhnung, Verschonung, Überbehütung und Umklammerung fördern Eigensinn, Egoismus, Rücksichtslosigkeit, Überheblichkeit, Geltungssucht, überhöhte Ansprüche, Unselbständigkeit, Bequemlichkeit, Gehemmtheit, Pedanterie, Weinerlichkeit, Abhängigkeit von Eltern und ein realitätsfernes Selbstbild. Verwöhnte Kinder neigen zur Regression in eine frühere Entwicklungsphase oder zur Fixation einer bestimmten Entwicklungsphase. Eine Regression auf eine frühere Phase der psychischen

Entwicklung wäre es zum Beispiel, wenn bei einem Kind das Bedürfnis nach oraler Verwöhnung wieder überhand nimmt. Fixation wäre es, wenn ein Kind auf einer bestimmten Stufe der psychischen Entwicklung verharren würde.

Extreme Verwöhnung kann auch hinter Faulheit stecken. Dass der Begriff der Faulheit in der korrekten Pädagogik nicht vorkommen darf, täuscht über diesen Zusammenhang hinweg. Faule Schüler heißen jetzt «demotivierte» Schüler. Und ein demotivierter Schüler ist ja von einem anderen, von einem Lehrer oder einem Elternteil, aktiv seiner Motivation beraubt worden. Diese haben es dann schlichtweg versäumt, seinen Eifer zu wecken.

Her mit dem Instanterfolg

Verwöhnte, verschonte, überbehütete Kinder sind vom schnellen Instanterfolg abhängig und können deshalb kein Durchhaltevermögen entwickeln. Alle Befriedigung muss «subito», auf ein Fingerschnippen hin erfolgen – ohne Investition, ohne Anstrengung, ohne Durststrecke, ohne Triebaufschub, hier und jetzt auf der Stelle. So, wie es die Werbung oft genug verspricht: «Genuss sofort». Die Erwachsenenwelt lebt es vor mit ihrem Hedonismus. Laut Generationenbarometer 2006 von Allensbach sahen im Jahr 1978 noch 37 Prozent der Deutschen den Sinn des Lebens darin, «das Leben zu genießen», 2006 sind es in Ost und West bereits 54 Prozent. Bei den unter 30-Jährigen wuchs der Wert von 57 auf 80 Prozent an, bei den 30- bis 44-Jährigen von 40 auf 60, bei den 45- bis 59-Jährigen von 28 auf 52 Prozent. Leider wird die Sofortismushaltung des Kindes oft für Eltern zum Maßstab ihres erzieherischen Handelns. Wenn Kinder ihre Wünsche aber sofort erfüllt bekommen, womöglich bereits bevor sie artikuliert wurden, nimmt man ihnen den Zauber der Vorfreude.

Auf eine Anspruchs*verwöhnung* folgt dann eine Anstrengungs*entwöhnung*. Die Kinder werden grenzenlos in ihren Erwartungen, aber sie bleiben begrenzt belastbar. Tiefenpsychologen würden sagen: Bei solchen Kindern ist es beim «Lustprinzip» geblieben, das «Realitätsprinzip» hatte keine Chance.

Neu sind diese Erkenntnisse eigentlich nicht. Nur hat man sie inzwischen wieder vergessen. Entreißen wir einige der wegweisenden Schriften über die Folgen der Verwöhnung diesem Vergessen: Einer der ganz Großen, die sich mit Verwöhnung – oft spricht er von Verzärtelung – und ihren Folgen befasst haben, war Alfred Adler (1870–1937). Er hat damit die US-amerikanische Literatur stark beeinflusst. Noch zu Adlers Lebzeiten erschienen dort Abhandlungen über «overprotection».

Adler hat sehr viel über Erziehung und im Besonderen über Verwöhnung geschrieben. In nahezu allen seinen namhaften Werken befasst er sich damit – in «Menschenkenntnis», «Der Sinn des Lebens» oder «Kindererziehung».

Verwöhnung als Droge

Verwöhnung kann zudem zu einer gefährlichen Droge werden, weil man mit Verwöhnung sehr leicht Suchtcharakter entfalten kann. Das Kind braucht schließlich eine immer höhere Dosis an Verwöhnung. Konrad Lorenz sieht als ein Kernproblem einer «Überfütterung», dass die Verwöhnungsreize der sonst folgenden Abstumpfung wegen ständig erhöht werden müssen. Jürg Frick («Die Droge Verwöhnung») präzisiert die möglichen Entwicklungen sogar noch. Wie viele Suchtexperten ist er der Meinung, dass sich bei verwöhnten Kindern eine erhöhte Bereitschaft für Alkohol-, Medikamenten-, Drogenmissbrauch entwickelt und sich im Extrem gar eine handfeste Suchtkarriere ergeben kann.

Verwöhnte Kinder neigen oft auch zu dissozialen Haltungen und Handlungsweisen. Denn Verwöhnung, Verschonung und Überbehütung schränken den sozialen Aktionsradius der Kinder ein und führen damit oft zu sozialer Isolation. Andere Kinder mögen keine verwöhnten Kinder, weil sich diese nicht in soziale Gefüge einordnen und als Einzelgänger daherkommen. Allerdings ist es nicht leicht für ein Kind, sich mit einer sozialen Situation zu arrangieren, in der man nicht mehr – wie in der Familie – Mittelpunkt, sondern allenfalls Mittelmaß in der Kindergartengruppe oder in der Schulklasse ist. Gerade für Einzelkinder ist das ungewohnt, denn sie haben dergleichen noch nie erlebt, sie haben keine «Entthronung» durch ein jüngeres Geschwisterchen erfahren.

Verwöhnte Kinder sind später oft schwierige Partner. Sie erwarten von diesen eine Fortsetzung der mütterlichen oder väterlichen Verwöhnung und dass man ihnen immer alles verzeiht. Wehe, wenn zwei solche in einer Ehe zusammentreffen! Und wehe deren Kindern – so sie denn welche wollen. Immerhin ist zu beobachten, dass verwöhnte Kinder selbst signifikant weniger eigene Kinder haben. Sie scheinen zu sehr von Verwöhnung geprägt, als dass sie nicht wüssten, dass diese Verwöhnung nur möglich ist, wenn man als Eltern auf vieles verzichtet. Das aber haben diese potenziellen Eltern nicht gelernt. Vor allem mit verwöhnten Jungs als Partner soll sich der «Spaß» in Grenzen halten. Was passiert, wenn sie auf eine Partnerin treffen, die selbst als Heranwachsende verwöhnt und vergöttert wurde, kann man sich vorstellen.

Besonders im Fokus elterlicher Erziehung stehen Einzelkinder, deren Zahl aus vielerlei Gründen sukzessive größer wird. Rund ein Viertel der Kinder in Deutschland wächst ohne Geschwister auf, dieser Status ist zu einer typischen Form von Kindheit geworden. Einzelkinder haben es leichter und schwerer zugleich. Sie erscheinen selbständiger und selbstsicherer – aber auch egoistischer. Das hat damit zu tun, dass in weitaus höherem Maße als bei Kindern mit Geschwistern der Kontakt mit Erwachsenen zentral ist. Die Folge ist häufig, dass Einzelkinder sich besonders an den Gewohnheiten ihrer Eltern orientieren und alterstypische Wünsche und Verhaltensweisen kaum entwickeln.

Allerdings tragen Einzelkinder besondere Lasten. So sollen sie alleine stets Mutter und Vater zugleich beglücken. Ihr Leben ohne erwachsenenfreie Zone ist eine Herkulesaufgabe. Außerdem sind sie den Eltern mehr ausgeliefert als Kinder mit Brüdern oder Schwestern. Einzelkinder haben nämlich keine Geschwister, mit denen sie sich im Bedarfsfall mal gegen Eltern verbünden können.

In «Götzendämmerung» beklagt Friedrich Nietzsche die «Modernen» mit ihrer «dick wattierten Humanität, die durchaus an keinen Stein sich stoßen will» – eine Beschreibung, die heute bei verwöhnten Kindern von bedauernswerter Aktualität ist.

Erziehung – eine «Wissenschaft»?

Früher war Erziehung ein alltägliches (Kunst-)Handwerk, heute läuft sogar alltägliche Erziehung Gefahr, zur Wissenschaft zu werden. Dabei meinte selbst der gute alte Sigmund Freud, dessen Erkenntnisse den Umgang mit Kindern nicht nur erleichtert haben, dass Kindererziehung keine Wissenschaft, sondern ein sehr natürliches Unterfangen sei. Erziehen bleibt ein nur bedingt planbares Unternehmen, das man weder wissenschaftlich unterlegen noch exakt durchstylen kann. Man darf aus dem Erziehungshandeln keine «unheilvolle Totalplanung» (Jaspers) machen. Das endet nämlich in einem totalitären Glauben, der junge Mensch sei beliebig formbar. Jaspers wörtlich: «Durch falsche Weise des Planens, durch Vergessen des alles tragenden Grundes kann man unmerklich auf den Weg geraten, der im Totalitären endet.»

Führen und wachsen lassen

Der Glaube, alles «machen» zu können, verführt. Die Grenzen pädagogischen Planens sind jedoch eng. «Wo aber Planen und Wissen, statt Mittel unter der umgreifenden Führung zu sein, unwillkürlich selber Zweck werden, da verwandelt sich Erziehung in Abrichtung, der Mensch in Funktion» (Jaspers). Die moderne Pädagogik propagiert gleichwohl einen Machbarkeitswahn, den wir im Bereich der Technik leidenschaftlich kritisieren. Dabei wären, gerade wenn es um Kinder geht, eben Demut und ein Wissen um die Grenzen des Planens angesagt. Einer der führenden Philosophen, Pädagogen und Psychologen der beginnenden Neuzeit, der gebürtige Spanier Johann Ludwig Vives (1492–1540), hat darauf bereits aufmerksam gemacht. Für ihn sind Demut, Bescheidenheit und Vertrauen in die eigene Aufgabe sowie in den Zögling entscheidende Haltungen des Erziehers (vgl. Kraus 1956).

Natürlich bedeutet Erziehen auch Eingreifen – am besten in liebevoller Strenge. Das lateinische «educare» bedeutete ursprünglich ja «gerade richten, was krumm ist». Immer aber muss Erziehung antinomisch angelegt sein, denn es heißt zugleich: führen und wachsen lassen, eingreifen und geschehen lassen, binden und befreien. Jede einseitige Betonung eines dieser beiden Pole ist falsch. Je nach Alter und je nach Situation muss man als Erziehender mal mehr wachsen lassen, mal mehr führen.

Jean Paul Friedrich Richter (1763–1825), kurz: Jean Paul, war einer, der schon sehr früh für das Wachsenlassen eingetreten ist, ohne einer Nichterziehung das Wort zu reden. Eine seiner Kernaussagen zur Erziehung lautet: «Die elterliche Hand kann den aufkeimenden Kern, nicht aber den aufblühenden Baum bedecken und beschatten.» Noch bekannter ist Jean Pauls Sinnspruch: «Kinder und Uhren dürfen nicht ständig aufgezogen werden, man muss sie auch gehen lassen.»

Das sind Haltungen, für die man kein Studium der Pädagogik, Psychologie, Soziologie und Neurobiologie hinter sich haben muss. Wer meint, erst nach dem Abschluss dieser Studiengänge richtig erziehen zu können, der versündigt sich an den Müttern und Vätern von zig Generationen, die erzogen haben, ohne dass

aus der Welt ein Milliardenheer an Psychopathen und Neuroti-
kern geworden wäre.

Eltern mögen also ganz pragmatisch mehr auf ihre Intuition
und Spontaneität vertrauen. Erziehen ist keine große Kunst,
sondern eine tagtägliche Kleinkunst. Dazu gehört eine Portion
Gelassenheit, Abgeklärtheit, Besonnenheit und Geduld.

Der Erziehungstherapeut Wolfgang Bergmann (2012) hat die
Eltern mit einem kleinen Buch klipp und klar aufgefordert: «Lasst
eure Kinder in Ruhe!» Er rät den Eltern dringend, sie sollten ihre
ursprüngliche Freude am Kind wiedergewinnen. Dieser Appell ist
sozusagen das Vermächtnis Bergmanns in seinem letzten Inter-
view, das nach seinem Tod im Mai 2011 posthum veröffentlicht
wurde.

Zur Erziehung gehört außerdem ein Verzicht darauf, Dinge
ändern zu wollen, die nicht geändert werden können. Das folgende Wort – es ist im Grunde ein Gebet – sollte deshalb zu jedem
Leitbild von Erziehung hinzugehören, auch wenn die Herkunft
dieses Worts nicht restlos aufgeklärt ist: «Herr, gib mir die Kraft,
Dinge zu ändern, die ich ändern kann; die Gelassenheit, das Un-
abänderliche zu ertragen, und die Weisheit, das eine vom anderen
zu unterscheiden.»

Mut zu Autorität und Vorbild

Gemeinhin werden vier verschiedene Erziehungsstile unterschieden: Beim autoritären Erziehungsstil bestimmen die Erwachsenen
klar und streng, was Sache ist. Der permissive Erziehungsstil ver-

fährt großzügig, gewährend, er kennt kaum Regeln. Der Laisser-faire-Erziehungsstil schließlich, soweit man ihn überhaupt als Erziehungsstil bezeichnen will, ist frei von Regeln und Zwängen, aber auch bar aller orientierenden Anhaltspunkte. Beim autoritativen Erziehungsstil geht es um offene Kommunikation und offene Aussprache zwischen Kindern und Eltern über die Bedürfnisse der Beteiligten und über Familienregeln.

Zwischen diesen vier Polen pendelte Erziehung in Deutschland und in der gesamten westlich geprägten Welt hin und her – in der Familie und in der Schule. Bis in die 1960er Jahre waren Disziplin und Strenge angesagt, dann ging es in Fragen der Erziehung um Verständnis und Permissivität. Heute beginnt in vielen Familien wieder die Kontrollattitüde zu dominieren. In den Schulen nicht, denn hier hat sich unter Teilen der Lehrerschaft eher ein Laisser-faire verbreitet.

Dieser Wandel der Erziehungshaltungen und Erziehungspraktiken ist Konsequenz eines Wandels der Werteinstellungen, der ab den 1970er Jahren einsetzte und in dessen Folge «Pflicht- und Akzeptanzwerte» wie Ein- und Unterordnung sowie Bescheidenheit laut Analyse des Soziologen Helmut Klages massiv an Bedeutung verloren sowie Selbstentfaltungs- und hedonistische Werte erheblich an Bedeutung gewonnen haben. Seine Umfragen belegen, dass sich in der Folge die elterlichen Erziehungsziele erheblich gewandelt haben: Innerhalb von nur zwei Jahrzehnten zwischen 1975 und 1995 wuchs die Zustimmung von Eltern zu den Erziehungszielen «Selbständigkeit und freier Wille» von 40 auf über 60 Prozent, während die Zustimmung zu den Erziehungszielen «Gehorsam und Unterordnung» von rund 30 Prozent auf 8 Prozent abstürzte. Eines steht seitdem ganz oben auf der Wunschliste der Eltern: Das Kind soll sich durchsetzen lernen. Laut

Generationenbarometer 2009 des Allensbach-Instituts nennen 71 Prozent der Eltern «Durchsetzungsfähigkeit» als Erziehungsziel. Anpassungsbereitschaft und Bescheidenheit als Ziele spielen dagegen eine immer geringere Rolle.

Die kritische Reflexion dieses Wandels setzt freilich alsbald ein. Bei Forsa 2001 sind es 62 Prozent der Bürger, die meinen, dass Kinder strenger erzogen werden müssten. Und als die damalige Kanzlergattin Doris Schröder-Köpf 2001 mehr Strenge von Eltern forderte und verlangte, dass Kinder rechtzeitig ins Bett zu bringen und Tugenden wie Höflichkeit und Rücksichtnahme zu fördern seien, fand sie viel Zustimmung. Ihr Gatte freilich hatte den Bereich «Familie und Gedöns» bereits zuvor zur Nebensache abgetan.

Bei den Adressaten elterlicher Erziehung ist die von ihren Eltern praktizierte Liberalität entsprechend angekommen. Laut einer von Jacobs Krönung in Auftrag gegebenen Allensbach-Studie von 2011 empfinden 84 Prozent der 14 bis 17 Jahre alten Heranwachsenden ihre Eltern als ziemlich lässig, nur 5 Prozent der jungen Leute unter 25 Jahren meinten, streng erzogen worden zu sein, bei Erwachsenen über 60 Jahren geben dies 80 Prozent an. Da verwundert es nicht, dass laut einer anderen Allensbach-Studie von 2000 es für 76 Prozent der Eltern wichtig ist, dass ihre Kinder lernen, «sich durchzusetzen und nicht so leicht unterkriegen zu lassen». Eine paradoxe Situation: Selbst will man als Eltern keine Autorität sein, die Kinder sollen sehr wohl aber Ellenbogenautorität erwerben.

Viele Eltern scheuen vor eigener Autorität zurück, weil sie Autorität mit autoritär verwechseln und weil sie – eines der Hauptprobleme der Erziehung heute – ein ausgeprägtes Harmoniebedürfnis haben. Erziehung ohne Autorität geht aber nicht. Viele

Eltern wollen eher Partner der Kinder sein, mit denen man womöglich bereits im Vorschulalter eine symmetrische Kommunikation haben könne. In der Folge ist es mit dem Gehorsam der Kinder gegenüber ihren Eltern oft nicht weit her. Der Gehorsam hat sich teilweise sogar eher umgekehrt: Eltern gehorchen ihren Kindern. Immer mehr Kinder nämlich haben ihre Eltern im Griff.

Aus Erziehung kann aber keine Beziehung auf Augenhöhe werden. Deshalb darf die Autorität der Autorität nicht permanent in Frage gestellt werden. Eltern sollten sich durchaus ihrer Rolle als Chefs in der Familie bewusst sein. Die Mutter mag die beste Freundin ihrer Tochter sein, der Vater der beste Kumpel seines Sohnes. Ausschließlich Freund sein zu wollen tut auf Dauer nicht gut – das gilt für die Familie genauso wie für die Schule. Denn in beiden Bereichen bedarf es eines ausgewogenen Verhältnisses von Nähe und Distanz. Auch eine Symbiose Eltern–Kind ist nicht im Interesse des Kindes, eine solche Verschmelzung behindert das Kind in seiner Entwicklung, weil es sich dann nicht als eigenes Wesen einschätzen kann. Kinder sind mit Partnersein überfordert. Sie brauchen vielmehr erwachsene Autoritäten und authentische, sich selbst treue Vorbilder.

Wie aber wollen wir junge Leute zu Erwachsenen erziehen, wenn die Erwachsenen selbst dem Jugendwahn erliegen? Ihrer emotionalen, moralischen und intellektuellen Entwicklung wegen brauchen Kinder einen erwachsenen Widerpart, denn Heranwachsende wollen gar nicht unbedingt coole Eltern, sie wollen Autoritäten und erwachsene Vorbilder.

Vorbild zu sein heißt: Ihr als Angehörige der Erwachsenengeneration, tragt euren Zuwachs an Jahren und Erfahrung mit Würde. Das offenbar Schmeichelhafteste, was man heute einem Erwachsenen sagen kann, scheint, ihm sagen zu dürfen, dass man ihm seine Jahre nicht anmerke. Das Gemälde «Jungbrunnen» von Lucas Cranach dem Älteren aus dem Jahr 1546 ist bildhafter Ausdruck dieser Sehnsucht nach Jugend: Links steigen dort die Alten und Kranken in den Brunnen, rechts kommen sie als schöne Junge wieder heraus. Aber: Die auf knackig Gestylten, die Berufsjugendlichen, das sind keine Erwachsenen. Es sind keine Vorbilder, die den Jungen Leitlinie sein können.

Aber erwachsene Vorbilder brauchen wir auch in puncto Lebenszuversicht und Optimismus. Stattdessen gilt in Deutschland schlechte Laune als Merkmal aufgeklärten Daseins. Unsere jungen Leute können aber keine ausgeglichene Laune haben, wenn sich die Alten ständig den Puls messen und die Realität weinerlich-hypochondrisch untertunneln.

Also ist ein autoritativer Erziehungsstil angesagt. Dieser «arbeitet» erstens mit Liebe und zweitens mit klaren Regeln. Erfährt ein Kind diese Mischung, dann erlebt es seine Eltern als stark. Es spürt, dass man bei Vater und Mutter geborgen ist. Autoritative Eltern wissen zwischen Verhalten und Persönlichkeit des Kindes zu unterscheiden. Weil jeder Mensch und jedes Kind anders ist, gibt es keinen idealen Erziehungsstil. Der autoritative Stil kommt dem Ideal aber zumindest nahe, er braucht kein autoritäres Verhalten, denn wer autoritative Autorität hat, muss nicht autoritär handeln. Oder anders herum: Wer ständig auf Autorität machen muss, hat keine Autorität.

Grenzziehungen gehören dazu. Das ist in einer Welt der zigtausend Möglichkeiten oft schwer. Kinder brauchen aber grenzensetzende Rituale und Strukturen, sie sind die Leitplanken im Leben junger Menschen. Zum Beispiel ist ein strukturierter Tag mit gewissen geregelten Abläufen wichtig für ein Kind. Damit werden sogar Kontingenzen, Unwägbarkeiten, erträglicher.

Je nach Alter können Grenzsetzungen gegenüber dem Kind begründet werden. Falls es aber keine Einsicht zeigt oder sie noch nicht haben kann, muss ein Nein nicht in eine Diskussion ausarten. Nicht jede alltägliche Verrichtung kann zum Gegenstand endloser Debatten und Diskurse werden: Fernsehkonsum, Essen, Kleidung, Hausaufgaben, Ausgeh- und Schlafenszeiten – das alles gehört dazu. Manchmal muss die Antwort reichen: «Basta, so isses!» Oder: «Nein, und zwar endgültig.» Oder: «Nein, ich bleibe bei meiner Meinung.» Ein klares Nein bringt Kindern mehr als ein laues «Meinetwegen!». Es geht eben nicht alles immer über Erklären, Erklären, Erklären und ein nochmaliges Verhandeln, Verhandeln, Verhandeln. Kinder wollen, dass irgendjemand sie stoppt in ihren überschießenden Energien. Das gilt durchaus auch für den Nachwuchs anderer Eltern, der gerade beim eigenen Kind zu Gast ist und sich unbotmäßig verhält. Leider haben viele Eltern hier erst recht nicht den Mut, ermahnend einzugreifen.

Kinder wollen – obwohl es manchmal so aussehen mag – ihre Eltern nicht an der Leine herumführen, sie wollen Eltern, die ihnen Orientierung geben. Woher denn sonst sollen sich die Heranwachsenden ihre Orientierung, die zugleich Kern ihrer Identität ist, holen? Identität schöpft sich nämlich immer – und mit steigendem Alter noch mehr – von innen nach außen aus konzentrischen Kreisen: zunächst aus dem Identifizierungs- und Orientierungsangebot der Familie, später aus den Gleichaltrigen und Freunden, dann aus dem kulturellen Umfeld und dem Wertekosmos, dann aus metaphysischen Reflexionen.

Zum autoritativen Erziehungsstil gehört es auch, dass Eltern die eigenen Kinder zur Anerkennung anderer und legitimer Autoritäten erziehen. Wenn hyperkritische Eltern ihren Kindern etwa signalisieren, dass sie das eigene Kind als Opfer des Schulsystems oder doofer Lehrer sehen, dann müssen sie sich nicht wundern, wenn die Schule von ihren Kindern nicht ernst genommen wird. Gewiss muss Kritik an Schule sein dürfen, aber auch im Interesse der Kinder darf Schule zumindest nicht als alleinige Ursache für das Versagen oder gar für die Traumatisierung von Kindern dämonisiert werden. Eine von Eltern suggerierte Viktimisierung ihrer Kinder durch die Schule, die Haltung also, das Kind sei immer nur Opfer, erzieht Kinder zu einer Haltung «seliger Verantwortungslosigkeit» – so Pascal Bruckner in seinem Buch «Ich leide, also bin ich» von 1996. Misserfolge werden nämlich gerade vom verwöhnten Kind – und dessen Eltern – gern external attribuiert, die Ursachen von Misserfolgen also anderen zugeschrieben: den Lehrern, der Schule, dem System. Verdiente oder auch unverdiente Erfolge dagegen werden internal attribuiert, als Ergebnis des eigenen Handelns gewertet.

Kinder wollen und können etwas leisten

Viele Eltern – und Lehrer – machen es den Kindern zu einfach, sie muten ihnen zu wenig zu, und sie trauen ihnen zu wenig zu. Sie meinen, allen Stress dieser Welt von Kindern fernhalten zu müssen, sie haben nicht verinnerlicht, dass Erziehung viel mit dem Prinzip Subsidiarität zu tun hat, will sagen: Der Kleinere, Schwächere, Jüngere soll erst einmal seine eigenen Kräfte mobilisieren, ehe der Größere, Stärkere, Ältere seine Hilfe anbietet und eingreift. Den Jüngeren sollte aber vor allem eines vorenthalten bleiben: ein Gestöhne wegen Stress.

Nichts geht ohne Anstrengung. Im Sport und in der Musik ist dieser Grundsatz Gemeingut, in der Schule nicht. Eine um sich greifende Wohlfühl-, Gute-Laune-, Spaß-, Erleichterungs- und Gefälligkeitspädagogik schadet unseren Kindern. Progressive Pädagogen und Bildungspolitiker tun so, als gingen Bildung und Lernen ohne Anstrengung. In der Folge werden die Ansprüche heruntergefahren: Der mutter- und der fremdsprachliche Wortschatz wird drastisch gekürzt, ein Auswendiglernen von Gedichten findet fast nicht mehr statt, das Einprägen von historischen oder geographischen Namen und Daten gilt als vorgestrig, Grundschüler dürfen am Anfang gegen jede Orthographieregel «phonetisch» schreiben (Motto: «Wenn Falsches richtig ist»), die lateinische Ausgangsschrift soll durch die sogenannte Grundschrift ersetzt werden, Deutschprüfungen bestehen zum Teil im Ankreuzen von Multiple-Choice-Aufgaben oder im Ausfüllen von Lückentexten. Die Beispiele sind Legion. Dass diese Erleichterungsattitüde falsch ist, wussten Generationen von Eltern und Lehrern seit der Antike.

Trotzdem wurden Leistung und Anstrengung vor allem von einer von den 68ern geprägten Pädagogik schier zu Missgunstvokabeln. Da ist im Zusammenhang mit Schule immer noch und in übler Weise die Rede von «Leistungsstress», «Leistungsdruck», «Leistungsterror». Wer Leistung und Anstrengung aber zu Missgunstvokabeln macht, versündigt sich an der Zukunft unserer Kinder und unserer Gesellschaft. Denn wer das Leistungsprinzip bereits in der Schule untergräbt, setzt eines der revolutionärsten demokratischen Prinzipien außer Kraft. In unfreien Gesellschaften sind Geldbeutel, Geburtsadel, Gesinnung, Geschlecht Kriterien zur Positionierung eines Menschen. Freie Gesellschaften haben an deren Stelle das Kriterium «Leistung» vor «Erfolg» und «Aufstieg» gesetzt. Das ist die große Chance zur Emanzipation für jeden Einzelnen. Ganz zu schweigen davon, dass der Sozialstaat nur dann funktioniert, wenn er von der Leistung von Millionen von Menschen getragen wird. Wenn aber laut zweiter JAKO-O-Bildungsstudie von Emnid im September 2012 von 3000 befragten Eltern nur 28 Prozent meinen, die Betonung des Leistungsprinzips in der Schule sei wichtig, dann läuft etwas schief.

Glaubt man der «Elefanten-Kinderstudie 2011–2012» des Kinderschutzbundes, dann fühlt sich jedes dritte Kind bereits in der zweiten und dritten Grundschulklasse durch die Schule gestresst – darunter 10 Prozent «sehr oft gestresst» und 15 Prozent «oft gestresst». Und noch mehr Stress wollen Eltern an ihren Kindern im verkürzten achtjährigen Gymnasium (G8) entdeckt haben. «Zwei Nachmittage Unterricht bereits für Dreizehnjährige, das ist doch Wahnsinn», so schallt es durch die Gazetten. Dass im G8 insgesamt – auf die Gesamtschulzeit bezogen – erheblich weniger Unterricht stattfindet als im G9, dass die Regeln für die Berechnung der Noten und für das Sitzenbleiben im G8 weitgehend liberalisiert wurden, dass die Noten bis hin zum Abitur immer besser ausfallen, dass die Lehrpläne zu Leerplänen entschlackt wurden – das spielt alles keine Rolle.

Es liegt die Vermutung nahe, dass der Schulstress in Deutschland eher ein vermeintlicher und nur gefühlter ist. Schaut man sich die Zahl der Unterrichtsstunden – in 60-Minuten-Einheiten umgerechnet – für 7- bis 14-Jährige an, so liegt Deutschland mit 6322 Stunden deutlich unter dem OECD-Durchschnitt von 6862 Stunden und massiv unter Ländern wie England mit 7258 und Frankreich mit 7432 Stunden (Quelle: dpa-Infographik 2013).

174

Interessant ist der internationale Vergleich auch beim Stress-empfinden. Aufschlussreich ist hier die Studie «Health Behaviour in School-Aged Children (HBSC)», die 2011 im Auftrag der World Health Organization (WHO) herausgegeben wurde und in die Jungen und Mädchen im Alter von 11, 13 und 15 Jahren aus 39 Ländern und Regionen Europas und Nordamerikas einbezogen waren. Für Deutschland trägt die Studie den Titel «Gesundheitsverhalten von Kindern im schulpflichtigen Alter». Einige Ergebnisse daraus: Schulstress empfinden in Deutschland unter den 15-Jährigen 28 Prozent der Mädchen und 26 Prozent der Jungen. Beim vielgerühmten PISA-Sieger Finnland sind es 67 Prozent der Mädchen und 54 Prozent der Jungen. Am hinteren positiven Ende der internationalen Rangskala finden sich die Deutschen 11-, 13- und 15-Jährigen bei der Angabe gesundheitlicher Beschwerden. Die Gleichaltrigen haben nur in Slowenien, Belgien und Österreich noch seltener solche Beschwerden.

Interessant wäre es gewesen, Werte aus China, Japan, Südkorea oder Singapur zu bekommen. Dort ist die Beanspruchung der Schüler wahrlich eine andere, nämlich eine exorbitant größere. Das heißt aber nicht, dass der von den Kindern dort empfundene Stress größer ist als der unserer Kinder hier. Eltern und Kinder aus dem Fernen Osten und aus manchen osteuropäischen Staaten schütteln bestimmt den Kopf über das, worüber wir uns grämen. Darin würde sich deren klammheimliche Hoffnung mischen, dass exakt diese Bequemlichkeitsattitüden der Grund sein könnten, warum beispielsweise die Asiaten die Deutschen und andere westliche Staaten demnächst überholt haben werden. Denn es ist ja nicht nur die ausgeprägtere Leistungsbereitschaft, die sie den Westlern voraushaben. Sie haben obendrein einen Vorsprung, weil sich die Westler nicht selten maßlos überschätzen. Harold

Stevenson von der Universität von Michigan hat so in einer Studie festgestellt, dass amerikanische Kinder Schülern in Japan, Taiwan und China weit voraus sind, was ihre Selbsteinschätzung im Fach Mathematik betrifft.

Wenn manche Schüler in Deutschland doch nur einen kleinen Bruchteil der Zeit, die sie vor irgendwelchen Mattscheiben, Bildschirmen und Mäusekinos verbringen, für das schulische Lernen opferten. Die Mediennutzung ist nämlich nicht selten etwas anderes als eine Methode, Zeit zu vernichten und sich in einem passiven Dasein einzurichten. Vor dem Bildschirm wird wahrlich viel Zeit verbracht. Die Wochenenden mit einbezogen, kommen hier mehr Stunden zusammen als in der Schule. Dazu noch einmal die HSBC-Studie: Den eigenen Fernsehkonsum an Schultagen geben 56,8 Prozent mit zwei und mehr Stunden an, und zwar Jungen und Mädchen nahezu gleichermaßen. Abweichungen gibt es allerdings schichtspezifische: Bei niedrigem familiärem Wohlstand sind es rund 65 Prozent mit zwei und mehr Stunden, bei hohem familiärem Wohlstand rund 53 Prozent. Die tägliche Nutzung von Computern und Spielkonsolen geben 24,9 Prozent der Mädchen und 41,8 Prozent der Jungen mit zwei und mehr Stunden an. Klar, diese Schüler sind überfordert, aber nicht durch die Schule, sondern durch all die Freizeitaktivitäten, für sie ist das Zur-Schule-Gehen vielfach nur noch eine unangenehme Unterbrechung der Ferien bzw. der Wochenenden.

Deshalb sollte man kritisch darüber nachdenken, ob wir unseren Kindern Stressgefühle nicht zu oft nur oktroyieren. Und: Lernen und Schule werden damit schier zum Stress- und Schreckgespenst hochstilisiert. Eine sogenannte Reformpädagogik heizt diese Dynamik nicht ganz uneigennützig an und verspricht humanes Lernen. Für Alfred Schirlbauer (2012) ist «humanes Lernen» aber eine Mogelpackung. Denn der Erfolg der Reformpädagogik sei auf ihre «faszinierende denkerische Niveaulosigkeit» zurückzuführen. «Human» werde Schule in der Sicht der Reformer dann, wenn sie die Kinder kognitiv nicht (über)strapaziere. Schirlbauer weiter: «Wer den Kindern alle Lernprozesse, die nicht ihrem innersten Bedürfnis entstammen, ersparen will, verdirbt deren mögliche Lebenschancen.» Deshalb müssten wir uns eher um eine Intensivierung des Lernens kümmern als um seine Drosselung.

Aus der Stressforschung wissen wir außerdem, dass es einen guten und einen schlechten Stress gibt – einen Eustress und einen Dysstress. Der Eustress ist positiv, er mobilisiert, hält fit, verlängert sogar das Leben, der Dysstress macht krank. Das Problem bei der Unterscheidung der beiden ist: Es gibt keine objektive Trennlinie zwischen beiden. Diese Trennlinie ist sehr subjektiv, oft ist es eine eingebildete Trennlinie. Für Deutschland muss man annehmen, dass vieles an Dysstress gefühlter Dysstress ist.

Der damals höchst renommierte Motivationsforscher Heinz Heckhausen hat uns bereits vor mehr als 30 Jahren vermittelt: Eine 100-Prozent-Erfolgsgarantie-Erziehung kann und soll es nicht geben. Und: Lern- und Leistungsmotivation sind eine Sache des Anspruchsniveaus. Bei allem Vorgeben von Aufgaben und Pflichten sollten sich gerade bei Kindern zwei Aussichten die Waage halten: die Hoffnung auf Erfolg und die Furcht vor Misserfolg. Physiologisch betrachtet kommt es dann nämlich zu einer nicht zu hohen, aber auch nicht zu niedrigen Ausschüttung des Hormons Adrenalin. Das heißt: Kinder müssen eine Chance auf Erfolg und ein Recht auf Irrtum haben. Sind die Erfolgsaussichten nahe bei hundert Prozent, dann ist man unterfordert und langweilt sich. Sind die Erfolgsaussichten zu gering, so resigniert man und steckt zurück.

Alles aber sofort zugesprochen zu bekommen und sich für nichts anstrengen zu müssen, das geht nicht gut. Vor allem rauben wir unseren Kindern damit die Chance, auf sich selbst stolz sein zu können. Jedenfalls könnten unsere Kinder erheblich mehr, als wir ihnen zutrauen. Kinder sind nicht aus Zuckerwatte.

Das Glück der Kinder hängt nicht davon ab, dass sie verwöhnt werden. Schon Aristoteles schrieb: «Glück ist die Folge einer Tätigkeit.» Der alte Römer hat gesagt: «Per aspera ad astra». Sinngemäß heißt das: Nur über beschwerliche Wege gelangt man zu den Sternen. Die Griechen hatten es noch drastischer ausgedrückt: Ὁ μὴ δαρεὶς ἄνθρωπος οὐ παιδεύεται (Ho mē dareis anthropos ou paideuetai). Auf Deutsch: «Der Mensch, der nicht geschunden wird, wird nicht erzogen.» Es ist dies ein Zitat aus den Werken des griechischen Komödiendichters Menander, das Goethe an den Beginn seiner Autobiographie «Aus meinem Leben. Dichtung und Wahrheit» stellte. Oder anders auf den Punkt gebracht: Glück und Stolz können erst nach der Investition von Sitzfleisch, Schweiß, Ausdauer und Beharrungsvermögen entstehen.

Einen bislang verwöhnenden Erziehungsstil jedoch zu ändern oder gar abzustellen ist ein Kraftakt. Kinder, die der Verwöhnung entwöhnt werden sollen, reagieren nämlich mit heftigen Entzugserscheinungen – von inszenierter Hilflosigkeit über Schmollen und Abbrechen der Kommunikation bis hin zu Widerstand und Destruktion. Die Entwöhnung von Verwöhnung will also erst einmal durchgestanden sein. Dieser Kraftakt dürfte aber notwendig sein, gerade mit Blick auf die weitere Vita eines jungen Menschen. Hier kann man einmal mehr Albert Wunsch nur beipflichten, wenn er in seinem Buch «Die Verwöhnungsfalle» (2000) schreibt: «Wer häufig für ein Kind handelt, es zu lange füttert, anzieht, ihm die Spielutensilien wegräumt, bei Konflikten sofort

Partei für das Kind ergreift, für die Folgen von Missgeschick, Fehlverhalten oder Streit stellvertretend eintritt, sollte möglichst früh nach einem Menschen Ausschau halten, der diesen Job später, spätestens nach dem eigenen Lebensende, übernimmt.»

Fördern durch Lesen und Bewegung

Die beste intellektuelle Förderung ist Erzählen, Vorlesen, Lesen. Deshalb brauchen unsere Kinder vor allem eine Offensive für das Lesen. Das gilt zunächst und ganz besonders für die Familien: Wenn die Eltern zu Hause nicht für Bücher, Zeitschriften und Zeitungen sorgen und in deren Nutzung nicht Vorbild sind, dann lesen die Kinder eben kaum. In den Worten des Schriftstellers Willi Fährmann heißt das: «Die klugen Mütter und Tanten der Leseerziehung sind das Erzählen und das Vorlesen zu Hause. Hier finden entscheidende intellektuelle Prägungen statt.»

Auch im Zeitalter immer leistungsfähigerer Informationstechnologie geht es um die Fähigkeiten, sinnentnehmend zu lesen, verständlich zu schreiben, Wichtiges und Unwichtiges voneinander zu unterscheiden sowie Informationen zu sortieren und zu bewerten. Das heißt: Wer sich in einem Buch und in einer Bibliothek nicht auskennt, der kennt sich auch auf dem Computerbildschirm und im Internet nicht aus.

Wie wichtig das Lesenwollen und das Lesenkönnen für Kinder ist, hat die «Stiftung Lesen» schon vor mehr als 20 Jahren überzeugend in ihren nachfolgend zitierten «Zehn Argumenten für das Lesen» zusammengepackt: «Wer liest, entwickelt Phantasie und Kreativität. Wer liest, kann sich besser ausdrücken und hat beim Lernen mehr Erfolg. Wer liest, kommt weiter im Beruf. Wer liest, hat einen Wissensvorsprung und kennt die Wege zu vielen Informationsquellen. Wer liest, wählt besser aus, was er sehen will, und profitiert mehr vom Fernsehen. Wer liest, kann seine Freizeit aktiv gestalten und hat mehr von seinen Hobbys. Wer liest, kommt mit Problemen und Krisen im Leben besser zurecht. Wer liest, lernt die Biographien anderer Personen kennen und erweitert so seinen eigenen Lebenshorizont. Wer liest, entwickelt seinen eigenen Standpunkt als mündiger Staatsbürger. Wer liest, verschafft sich den Zugang zum kulturellen Leben.»

Der andere wichtige Bereich der Förderung ist der der Motorik. Unsere Kinder betätigen sich zu wenig körperlich, zu wenig sportlich. Es gibt auch zu viele Befreiungen vom Sportunterricht. Laut Kinder- und Jugendgesundheitsstudie (KiGGS 2007) des Robert-Koch-Instituts bewegen sich nur 15 Prozent der Kinder pro Tag mindestens eine Stunde, nur 45 Prozent der 6- bis 10-Jährigen sind täglich im Freien.

Die Hälfte bis zu zwei Drittel der 8- bis 18-Jährigen haben Haltungsschwächen; die Hälfte der Kinder ist nicht in der Lage, 30 Sekunden den Einbeinstand auszuführen, ein Drittel der Erstklässler ist eingeschränkt beweglich. Eine Studie über die Fortbewegungsweisen der Menschen in Großbritannien ergab, dass sich bereits in den 1980er und 1990er Jahren die von Kindern jährlich zu Fuß zurückgelegten Distanzen um 20 Prozent und die durchschnittlich mit dem Fahrrad bewältigten Strecken um 27 Prozent verringert haben. Übrigens: In Deutschland haben wir immer mehr Nichtschwimmer, laut Deutscher Lebens-Rettungs-Gesellschaft (DLRG) 2010 ist es rund ein Drittel der Heranwachsenden, die nicht schwimmen können. Die Gründe dafür sind bekannt: Einerseits nehmen sich viele Eltern nicht die Zeit, mit ihren Kindern schwimmen zu lernen, andererseits werden zu viele Schwimmbäder geschlossen oder in reine Spaßbäder umgewandelt. Kinder sollten aber mit fünf Jahren schwimmen können.

Der Kinder- und Jugendpsychiater Michael Winterhoff (2010 und 2011) berichtet davon, dass Mitte der 1990er Jahre die Störung der Motorik im Kleinkindalter etwa bei 20 Prozent der Kinder zu sehen war. Heute sei die Schallmauer von 50 Prozent durchbrochen, Tendenz steigend. Probleme gibt es im Bereich der Grob- und im Bereich der Feinmotorik. Viele Heranwachsende können keine koordinierten Bewegungen vollziehen, in der Feinmotorik hat das sogar Auswirkungen auf die Schreibmotorik.

All dies hat zunächst negative gesundheitliche Folgen. Muskelatrophie und Kreislaufschwächen gibt es bereits bei Kindern. Und weiter: 15 Prozent der Kinder und Jugendlichen von drei bis 17 Jahren sind übergewichtig, und zwar je älter, desto häufiger. Ähnliches gilt für Adipositas: 3- bis 6-Jährige sind mit einem Anteil von 2,9 Prozent adipös, 6,4 Prozent sind es bei den Sieben- bis Zehnjährigen, 8,5 Prozent bei den 14- bis 17-Jährigen. Unsere Kinder werden immer häufiger zu Couch Potatos – zu Dickerchen, die nur noch auf dem Sofa oder vor dem Computer hocken.

Damit mangelt es den Kindern nicht nur an Bewegung, sondern an motorischer Energieabfuhr. In so manchen Fällen ist das mit ein Grund für die zunehmende Häufigkeit der Aufmerksamkeitsdefizit- bzw. Hyperaktivitätsstörung (ADHS). Laut Kinder- und Jugendgesundheitsstudie KiGGS 2007 des Robert-Koch-Instituts wurde ADHS bei insgesamt 4,8 Prozent der Kinder und Jugendlichen diagnostiziert. Weitere 4,9 Prozent können als Verdachtsfälle gelten – bei Jungen übrigens um den Faktor 4,3 häufiger als bei Mädchen. Krankenkassen wie die Barmer (BEK) berichten 2013 davon, dass das früher nach einer Geschichte im «Struwwelpeter» des Psychiaters Heinrich Hoffmann von 1845 benannte «Zappelphilipp»-Syndrom in Deutschland heute etwa 750 000-mal vorkomme. Davon wird die Hälfte mit Methylphenidat – der Handelsname ist Ritalin – behandelt. Überhaupt hat der Verbrauch von Stimulanzen zur Therapie von ADHS in etwas mehr als zehn Jahren ohne Rücksicht auf die sehr riskanten Langzeitfolgen einer Ritalindauertherapie um das 30-fache zugenommen. Dass ADHS in vielen Fällen mit falscher Erziehung zu tun haben könnte, wird systematisch ausgeblendet.

Jedenfalls verhindert der fortschreitende Verlust an motorischer Primärerfahrung neben einem gesunden körperlichen Aufwachsen den sehr günstigen Mitnahmeeffekt, den Bewegung für die Intelligenzentwicklung mit sich bringt. Bewegung fördert nun einmal die Gehirnentwicklung, denn es gibt Zusammenhänge zwischen sportlicher Betätigung und Hirnentwicklung. Aus der Gerontologie wissen wir zudem: Körperliche Aktivität beugt Demenz vor. Allgemein wissen wir auch: Bewegung fördert die Produktion von Endorphinen. Und: Sport stabilisiert das Vegetativum. Vor Prüfungen ist das besonders wichtig.

Zeit für Kinder und Zeit fürs Spiel

Die drei wichtigsten Dinge in der Erziehung sind: Zeit, Zeit, Zeit. Innerhalb der Familie heißt das: Einfach da sein für die Kinder – freilich ohne in Personalunion Überwachungsdrohne und Animateur zugleich zu sein. Das gilt auch für die Eltern, die während der Woche keine halbe Stunde für die Kinder aufbringen, dann am Wochenende aber auf «Quality Time» mit 60-Stunden-Rund-um-Programm machen. Kuschelig sind solche Powerprogramme samt Eventmanagement und All-inclusive-Bespaß-Animation nicht, selbst wenn so etwas fast schon zu den Must-haves in gewissen Kreisen geworden ist. Mit persönlicher Zuwendung, mit Ausgleich, mit Spontaneität hat das nichts zu tun. Daran ändert selbst folgende höchstamtliche Definition von Qualitätszeit durch das «Bundesministerium für Familie, Senioren, Frauen und Jugend» nichts: «Als Qualitätszeit für Familien betrachten wir verlässliche und selbstbestimmte Zeitoptionen, die Familien bewusst für gemeinsame Aktivitäten nutzen. Dabei kann es sich sowohl um gemeinsame Ausflüge oder Spielnachmittage handeln, als auch um Aktivitäten, wie etwa gemeinsames Kochen und Essen, solange sie bewusst als Familienzeit wahrgenommen werden. Reine Haushaltstätigkeiten oder Hobbys, bei denen andere Familienmitglieder auch anwesend sind, zählen hingegen nicht dazu. Für uns bemisst sich Zeitwohlstand in bewusster Interaktion, Fürsorge und Zuwendung mit dem Ergebnis von Wohlbefinden.» Diese Definition findet sich im 94-seitigen ministeriellen Memorandum «Familie leben» mit dem Untertitel «Impulse für eine familienbewusste Zeitpolitik». «Familienbewusste Zeitpolitik» – definiert von staatlicher Seite!

Eltern haben genügend Zeit – eigentlich. Man bedenke: Die Zahl der Kinder pro Familie ist immer geringer, die durchschnittliche Arbeitszeit immer kürzer und damit auch die Freizeit der Eltern immer üppiger geworden. Zeit und nochmals Zeit für das Spiel, das wäre wichtig. Eltern müssen für ihre Kinder das Spiel wieder ernst nehmen, zumal viele Kinder das Spielen verlernt haben oder des Spielens gar entwöhnt wurden. Man hat vielfach den Eindruck, es sei in immer jüngeren Kindesjahren ein Ende der Spielzeit angesagt. «Schluss mit Spielen, jetzt wird gefördert!», solche Karikaturen kann man sich gut vorstellen. Das Gefördertwerden darf aber nicht zur Arbeit werden, auch wenn vermeintlich nutz- und kostenlose Spielerei als Zeitverschwendung gilt und schon gar nichts für die Wirtschaft und für die spätere Karriere bringt. Wer meint, Kinder müssten sehr früh an den Ernst des Lebens herangeführt werden, der scheint nicht zu wissen, dass für Kinder das Spiel der Ernst des Lebens ist. Am meisten und am besten werden Kinder eben gerade durch das Spiel – das Spiel ganz für sich allein, das Spiel mit Gleichaltrigen und das Spiel mit den Eltern – gefördert. Dieses braucht nicht inszeniert zu sein, im Gegenteil: je spontaner, desto besser. Das Kind hätte dafür die Zeit, die «lange Weile», schließlich findet es täglich ja auch drei bis vier Stunden Zeit, um fernzusehen oder vor irgendwelchen anderen Bildschirmen zu sitzen.

Das Spiel des Menschen ist eine anthropologische Konstante, denn der Mensch ist gleichermaßen «homo faber» (Arbeiter) und «homo ludens» (Spieler). Mit seiner Arbeit und Leistung erfährt er seine Existenz in Auseinandersetzung mit der Welt. Arbeit und Leistung dieses «homo faber» sind Ausdruck des Höchstindividuellen, zugleich Motor und Ergebnis freier Persönlichkeitsentwicklung.

Gerade Heranwachsende bekommen über ihre Leistung zumindest eine Ahnung davon, dass man mit Wissen und Können über sich selbst hinauswächst, um mitzuwirken am Ganzen, womit Leistung übrigens immer eine soziale Dimension hat. Dem «homo faber» steht gleichberechtigt aber der «homo ludens» zur Seite. Beide Daseinsformen schließen sich nicht aus, sondern sie ergänzen sich. Das Spiel ist Grundkategorie des Menschlichen, und es ist zugleich kultur- und persönlichkeitsbildend. «Der Mensch ... ist nur da ganz Mensch, wo er spielt.» So heißt es bei Schiller im 15. seiner 27 Briefe «Über die ästhetische Erziehung des Menschen» (1793). Spiel ist «gestaltete Zeit» (Adolf Portmann), und für den «homo ludens» eines Johan Huizinga ist das Spiel ein «Als-ob-Handeln» und damit Grundlage kultureller Tätigkeit. Für Nietzsche ist es als Kunst sogar lebensnotwendig, wenn er schreibt: «Wir haben die Kunst, damit wir am Leben nicht scheitern.»

Velozifer, der Gott der rasenden Geschwindigkeit, darf nicht dominieren. Es war Johann Wolfgang von Goethe, der dieses Kunstwort prägte: «veloziferisch» – das ist «velocitas» für Eile und «lucifer» für den Gott des Lichts bzw. den gefallen Erzengel. Gewiss soll der Mensch etwas machen aus seiner Zeit und sie keineswegs vergeuden – wahrscheinlich hätte es den Aufstieg Nachkriegsdeutschlands nicht gegeben ohne diese Haltung und den fleißigen Michel –, aber es kommt immer auf das Was an.

Wer über Erziehung und Bildung nachdenkt, muss also auch über Zeit nachdenken. Er wird feststellen: Die Menschen haben immer mehr Zeit, und deshalb hätten sie eigentlich immer mehr Zeit für Kulturelles und Bildung: Die Lebenserwartung steigt in der westlichen Welt unvermindert an. Die verbindliche Arbeitszeit hat sich in einem Jahrhundert zugunsten der Freizeit fast halbiert. Die für einen Produktionsvorgang notwendige Zeit konnte aufgrund neuer Werkzeuge und Technologien immer kürzer werden. Die Informationsbeschaffung hat sich dramatisch beschleunigt. Wir haben pro Familie immer weniger Kinder, um die man sich kümmern muss. Reisen und Transporte dauern nur noch einen Bruchteil der früheren Reisezeit. Wir haben damit einen Gewinn an Zeit. Das Paradoxe aber ist: Wir haben immer mehr Zeit, aber die Zeit wird uns immer knapper.

Diese Knappheit ist freilich hausgemacht: Wir sind, ob jung oder alt, zu Simultanten geworden – nicht zu verwechseln mit Simulanten –, Simultanten, die alles Mögliche simultan tun wollen, um Zeit zu gewinnen – und um ja nichts zu versäumen.

Die Folge ist die Entstehung einer hochgradigen Zeitneurose in Form eines Multitasking. Wir haben uns einem rasenden Stillstand ausgeliefert und damit den Zustand einer Stagnation durch tatsächliche oder vermeintliche Innovation erreicht. Joseph Weizenbaum spricht hier von «Stagnovation». Damit sind wir bei einem Zustand angekommen, in dem – wie beim tödlichen Herzflimmern – das hektische Oszillieren von einem totalen Stillstand nicht mehr zu unterscheiden ist. Die Folge ist: Die Gegenwart schrumpft. Das Nächste, das Zukünftige ist schneller da, und wenn es da ist, dann ist es sofort schon Vergangenheit.

Es ist auch falsch, Zeit nur physikalisch als «Leistung ist Arbeit je Zeiteinheit» zu betrachten. Ebenso falsch ist es, Zeit nur ökonomisch nach dem Grundsatz «time is money» zu werten. Vielmehr sollten wir Zeit gleichberechtigt philosophisch betrachten. Jeder Mensch verfügt dementsprechend nur über ein gewisses Maß an Zeit. Seneca spricht von dem «tempus suum» eines jeden Menschen. Diese je eigene Zeit sei des Menschen wichtigstes Eigentum. Wird sie gestohlen, ist sie unwiederbringlich. Man kann sie vergeuden, etwa vor dem Bildschirm, man kann sie aber auch herschenken, zum Beispiel als Eltern seinen Kindern.

Zeit haben heißt Weile haben. Eine solche Weile kann kurz sein, als Weilchen ist sie etwas durchaus Nettes, und sie kann lang sein. Als lange Weile (Langeweile) kennen wir sie in zwei Ausprägungen: als niedere und als hohe Langeweile. Niedere Langeweile ist anstrengend, macht aggressiv, vermittelt ein Gefühl von Verlorenheit und ergibt am Ende nicht selten ein Sinnvakuum. In der Folge kann sich eine schmerzliche Selbstaufmerksamkeit bis hin zur Hypochondrie einstellen. Daraus kann sich ein zielloser Konsumismus ergeben. Folge: «Wir amüsieren uns zu Tode», wie Neil Postman nachwies.

Es gibt daneben die «hohe» Langeweile, die den Menschen, auch den heranwachsenden, erst zum Menschen macht. Voltaire wusste: Wenn sich Affen langweilen würden, wären sie Menschen. Hohe Langeweile kann eine kreative Kraft sein, weil das Neue und das Wesentliche damit eine Chance erhalten. Deswegen braucht gerade der junge Mensch neben der «vita activa» die «vita contemplativa», das Zurücklehnen, die Faulheit. Das hat auch für später etwas enorm Konstruktives. Viele Erfindungen der Menschheit gäbe es nicht, wenn die Menschen aus Faulheit nicht Erfindungen gemacht hätten, die ihnen die Arbeit erleichtern und die das Faulsein ermöglichen. Man denke an Roboter oder Haushaltsautomaten. Durch diese Phasen wird Kreativität möglich und Energie gesammelt.

Nennen wir das Ausleben einer höheren Langeweile Muße. Sie ist schöpferische Gestaltung freier Zeit. Solche «hohe» lange Weile stand womöglich schon an der Wiege der Menschheit. Laut Søren Kierkegaard schufen die Götter den Menschen, weil sie sich langweilten und weil sie sich belustigen wollten. Und Adam bekam aus seiner Rippe Eva geschaffen, weil er sich sonst gelangweilt hätte.

Man kann noch einen Schritt weiter gehen und behaupten: Es gibt ein Recht auf Faulheit! Paul Lafargue kennt heute niemand mehr. Entreißen wir diesen französischen Arbeiterführer und Schwiegersohn von Karl Marx (1842–1911) trotzdem kurz dem

Vergessen. Lafargue schrieb nämlich 1883 ein Pamphlet mit dem Titel «Recht auf Faulheit». Darin finden sich so poetische Sätze wie: «O Faulheit, Mutter der Künste und der edlen Tugenden, du Balsam für die Schmerzen der Menschheit.»

Natürlich ist bekannt, dass die Trägheit des Herzens eine der sieben Todsünden ist und dass laut Volksmund Müßiggang aller Laster Anfang ist. Dennoch sei eine Lanze gebrochen für die Faulheit. Sie ist oft ein letztes Ich-Fenster, aus dem wir – noch unbeeindruckt vom «chillen» und «entertainment» – in die Welt schauen können. Deshalb sollten die Menschen – auch die Eltern zusammen mit ihren Kindern – gelegentlich zur Notbremse greifen und ihr Dasein entschleunigen, damit es kein bloßes *Bis*-Sein, kein bloßes Schielen auf Fristen und Termine wird.

Die Menschen und damit auch Kinder sollten sich Entschleunigungsinseln schaffen: nicht mit Rumhängen, sondern mit Nachdenken, Lesen, Erzählen und Zuhören. Damit streckt man die Zeit, schafft Raum für die Zeit. Und wer es denn als Nihilist oder Existenzialist so will, dem sei gesagt: Erst auf dem Gipfel der Langeweile erfährt man den Sinn des Nichts.

Für die These, dass Erziehung und Bildung lange Weilen brauchen, gibt es ansonsten hochkarätige Begründungen. Der Mensch braucht die lange Weile, weil die Geschwindigkeit der Abläufe im Gehirn nicht manipulierbar ist. Das Denken lässt sich nicht maßgeblich beschleunigen. Und alles Neue braucht seine Zeit, damit es aus der Flüchtigkeit der Wahrnehmung in die Dauerhaftigkeit des Gedächtnisses hinübergelangt. Solches Lernen ist ein Schaffen von Redundanz, denn bislang Neues wird durch Lernen zum Überflüssigen – deshalb zum Überflüssigen, weil man das Neue dann ja kennt.

Das ist kein Plädoyer dafür, nur noch faul zu sein. Es ist vielmehr ein Plädoyer für ein Recht auf lange Weile – allerdings *nur* für den, der vorher fleißig war. Dann ist Müßiggang Trägheit *mit* Sinn. Kurzum: Faulheit ist das Privileg der Fleißigen. Auf Maß und Mitte kommt es also an: Nur zu «powern» geht nicht, sonst ist man bald ausgebrannt. Nur zu «relaxen» geht ebenfalls nicht, sonst verblödet man. Das ist wichtig für Eltern, aber auch für Kinder.

In Bezug auf Erziehung und Bildung schreibt Friedrich Nietzsche: «Unsere größten Stunden, das sind oft nicht unsere lautesten, sondern unsere stillsten.» «Bildung» ist eben doch weit weg vom Trimmen für Markt und Gelderwerb zu verstehen.

Abkehr von der Abitur-Vollkasko-Schule

Wenn es um das Phänomen der Helikopter-Eltern und der Erziehung heute geht, muss man einen gesonderten Blick auf das Bildungswesen, speziell die Schule, werfen: Denn Bildung, gute Noten und der damit verbundene erfolgreiche Start ins Leben sind besonders dem verstärkten Engagement dieser Eltern ausgesetzt, wie an den zahlreichen Beispielen aus dem Schulalltag in diesem Buch deutlich geworden sein sollte.

Schule im Spannungsfeld zwischen Freiheit und Gleichheit

Eltern machen sich natürlich Gedanken über das Schulwesen und dessen Struktur. Sie sollten dies durchaus auch in sehr grundsätzlicher Betrachtung tun, zum Beispiel indem sie darüber nachdenken, dass Schule im Spannungsfeld zwischen Freiheit und Gleichheit steht. Bezogen auf die Ausgestaltung von Schulbildung lautet die Frage also auch aus Elternperspektive: Soll ein Schulwesen am Prinzip Freiheit *oder* am Prinzip Gleichheit orientiert sein? Eltern sollten sich wieder mehr darauf besinnen, dass die Antwort eigentlich nur lauten kann: Tendenziell weitaus mehr an der Freiheit! Denn selbst wenn wir dazu neigen, jede Form von Ungleichheit zu skandalisieren, gilt: Die «conditio humana» kennt keine Gleichheit. Nicht einmal Geschwister sind gleich. An der Unterschiedlichkeit und an der Vielfalt von Menschen ändern kein Schulsystem und kein noch so gestalteter Unterricht etwas (Kraus, 2011).

Es bleibt das unüberwindbare Dilemma des pädagogischen Egalitarismus: Egalitäre Schulpolitik erzielt vermeintliche Gleichheit allenfalls durch Absenkung des Anspruchsniveaus. Wer aber die Ansprüche senkt, der bindet gerade junge Menschen aus schwierigeren Milieus darin fest. Selbst ein hochindividualisierender Unterricht zementiert Unterschiede. Denn je mehr wir die Schüler ihren individuellen Möglichkeiten entsprechend fördern, desto mehr schlagen die Gene durch – und die sind ungleich verteilt.

Verschiedenheit ist keine Ungerechtigkeit. Vielmehr ist nichts so ungerecht wie die gleiche Behandlung Ungleicher. Gleichmacherei wäre nur gefühlte Gerechtigkeit. Dass dieser Grundsatz von vielen Eltern nicht oder anders gesehen wird, zeigen – wenn die Ergebnisse denn repräsentativ sind – die beiden bei Emnid in Auftrag gegebenen JAKO-O-Bildungsstudien der Jahre 2010 und 2012. Die 3000 Befragten nannten mit einem Anteil von 87 Prozent als Ziele der Bildungspolitik nicht etwa mit großer Mehrheit «Leistung», sondern: «Alle sollen die gleichen Bildungschancen haben.» Nur noch 28 Prozent der Eltern waren der Meinung, dass in der Schule das Leistungsprinzip eine wichtige Rolle spielen solle.

Solche Umfrageergebnisse sind nicht verwunderlich, ist das Thema «Bildungsgerechtigkeit» den Eltern doch regelrecht oktroyiert worden. Wenn Gleichheit und/oder Gerechtigkeit diskutiert werden, dann geht oft einiges durcheinander. Der Hintergrund der Debatte um Bildungsgerechtigkeit ist tatsächlich der

sozialromantisch kaschierte Versuch, über die Schule Gleichmacherei zu betreiben. Eltern sollten deshalb mitbedenken, dass die
Möglichkeiten des sozialen Aufstiegs mittels Bildung in Deutschland so gut wie kaum in einem anderen Land der Welt sind. Wir
haben in Deutschland inklusive der Berufsschulpflicht eine zwölf-
jährige Schulpflicht, das ist eine große soziale Errungenschaft. Je
nach Bundesland erwerben fast 50 Prozent der Studierberechtigten ihren Hochschulzugang, ohne jemals ein Gymnasium besucht
zu haben. Nutznießer dieser Vielfalt an Wegen sind vor allem
Kinder aus sogenannten bildungsfernen Schichten.

Wenn gesagt wird, dass die Bildungssysteme anderer Staaten sozial durchlässiger seien als das deutsche System, dann ist
das eine Legendenbildung. Schließlich haben diese Staaten oft
höchste Quoten arbeitsloser Jugendlicher. Selbst der PISA-«Sie-
ger» Finnland hat eine Quote an arbeitslosen Jugendlichen von
rund 20 Prozent. Laut Abfrage bei Eurostat Ende März 2013
hatte die Jugendarbeitslosigkeit in der EU folgendes Ausmaß:
Deutschland 7,9 Prozent – Österreich 8,9 Prozent – Niederlande
10,4 Prozent – Finnland 19,9 Prozent – Großbritannien 21,1 Prozent – Frankreich 26,9 Prozent – Portugal 38,6 Prozent – Italien
38,7 Prozent – Spanien 55,5 Prozent – Griechenland 58,4 Prozent. Übrigens: Die drei Länder, die nach der Primarbildung relativ früh nach verschiedenen Schulformen differenzieren, haben
die niedrigsten Quoten: Deutschland, Österreich und die Niederlande. Alle anderen Länder haben Gesamtschulsysteme.

Gewiss müssen Bildung und Bildungspolitik gerecht sein.
Gerecht heißt aber nicht gleich. Der Zusammenhang von Schul-
leistung und sozialer Herkunft ist ansonsten weltweit keine
neue Erkenntnis. Sie darf aber nicht der Grund sein, dass «progressive» Bildungspolitiker Eltern gebetsmühlenhaft ein – an-

geblich «gerechtes» – Gesamt- und Gemeinschaftsschulwesen anbieten möchten. Das geschieht aber, und deshalb droht aus der Gerechtigkeitsrhetorik eine Rhetorik des Klassenkampfs zu werden: Das gegliederte, differenzierte Schulwesen diene dem Zweck, eine ständische Gesellschaft zu erhalten. Am Ende läuft alles dann auf den Kernsatz der Egalisierer hinaus: Was nicht alle können, darf keiner können; was nicht alle sind, darf keiner sein; was nicht alle haben, darf keiner haben. Diejenigen, die solche Denkmuster propagieren, kommen gerne im Mäntelchen der Gerechtigkeit und der moralischen Höherwertigkeit daher (Kraus, 2009).

Gegen das Gerede von der Ungerechtigkeit unseres Schulsystems steht erstens: Wir hatten in den vergangenen drei Jahrzehnten durch zahlreiche Schul- und Hochschulgründungen vielerlei positive Effekte, die gerade bildungsfernen Schichten zugute kamen. Es gibt heute in Deutschland rund 50 verschiedene Wege zu einer Studierberechtigung – was manchmal etwas anderes ist als Studierbefähigung. Gegen die Meinung von der Ungerechtigkeit des deutschen Schulwesens steht zweitens: Es war das differenzierte Schulwesen, das die Abiturientenquote binnen 30 Jahren mehr als verfünffacht hat.

Natürlich sollen alle Kinder gleiche Startchancen haben. Aber Chancen sind Chancen, jedoch keine Vollkaskogarantien, zu Erfolgsaussichten werden sie erst durch eigene Anstrengung. Gerade beim Bildungserfolg kommt es auf gelebte Eigenverantwortung an, und dafür sind in erheblichem Maße die Eltern verantwortlich. Der Staat hat dabei eine Bringschuld, das heißt, er muss ein möglichst leistungsfähiges und differenziertes Bildungswesen vorhalten. Die Adressaten haben aber auch eine Holschuld. Wer die Chancen nicht nutzt, der kann sich nicht auf die angebliche

Selektivität des Systems berufen, sondern er praktiziert Selbstselektion.

Das deutsche Bildungswesen bietet ansonsten eine ausgeprägte soziale Durchlässigkeit. Der Anteil der Schüler, die ein Gymnasium besuchen, sagt über diese Tatsache nichts aus. Es geht um die vertikale Durchlässigkeit des Bildungswesens. Diese ist gegeben, da jeder Schulabschluss zugleich einen Anschluss an weiterführende Bildung im Oberstufen- und im beruflichen Bildungsbereich darstellt. Die immer wieder aus einer bestimmten Ecke behauptete soziale Ungleichheit des deutschen Bildungswesens ist ansonsten ein PISA-Artefakt. Man kann soziale Ungleichheit bzw. Gleichheit nämlich nicht mit PISA messen, weil PISA 15-Jährige testet und damit weggeschoben wird, dass rund die Hälfte der später Studierberechtigten kein Gymnasium besucht hat.

Langzeitstudien zum Beispiel von Helmut Fend an den Universitäten Zürich und Konstanz haben zudem nachgewiesen: Der Besuch einer Gesamtschule schafft keineswegs verbesserte soziale Aufstiegsmöglichkeiten. Basis dieser Untersuchung mit dem Titel «LiFE = Lebensverläufe ins frühe Erwachsenenalter» war die Analyse der Lebensläufe von 1527 Personen vom 12. bis zum 35. Lebensjahr im Großraum Frankfurt. Diese hatten in den 1980er Jahren entweder eine Schule des gegliederten Schulwesens, eine Förderstufe oder eine Gesamtschule besucht. Zentrales Ergebnis der LiFE-Studie ist: Die soziale Selektivität bei den verschiedenen Stufen des Bildungs- und Berufswegs wird weder durch Förderstufen noch durch Gesamtschulen reduziert, wiewohl diese Schulformen diesen Anspruch seit Jahrzehnten erheben.

In der ELEMENT-Studie 2008 von Prof. Dr. Rainer H. Lehmann von der Humboldt-Universität in Berlin heißt es hinsichtlich sozialer Durchlässigkeit einer vierjährigen versus sechsjährigen Grundschule: «Die ELEMENT-Studie hat keine Anzeichen dafür geliefert, dass der gemeinsame Unterricht in den Klassenstufen fünf und sechs soziale Disparitäten abschwächt.»

Ergo: Eltern sollten sich nicht von schulpolitischer Propaganda irremachen lassen. Das deutsche Bildungswesen bietet – bei einem Leistungsgefälle allerdings zwischen den 16 deutschen Ländern – Chancen über Chancen. Der Mensch beginnt nicht mit dem Abitur. Die Wahl des schulischen Bildungswegs durch Eltern darf nicht das Ergebnis eines eingeflüsterten schulpolitischen Alarmismus ideologischer Verengung sein, sondern muss das Resultat einer Reflexion sein, bei der ganz oben die Frage steht: Welche Schulbildung wird meinem eigenen, ganz individuellen Kind gerecht?

Nach welchen Kriterien aber sucht man die ganz konkrete Schule für sein Kind aus? In ihrer Ratlosigkeit surfen Eltern bei «SPICKMICH» und «FOCUS», ohne sich über die Fragwürdigkeit der dort praktizierten Lehrer- und Schulrankings im Klaren zu sein. Oder sie lesen sich auf den Websites der in Frage kommenden Schulen deren Leitbilder durch, um am Ende festzustellen, dass diese meistens Glaubensbekenntnisse sind: «Wir achten ... Wir betonen ... Wir schätzen ... Wir glauben ...» Man sollte vor allem hellhörig werden, wenn eine Schule Edutainment und Bespaßung verspricht. Und man sollte die Informationsveranstaltungen der in Frage kommenden Einrichtungen besuchen und sich daraus ein Bild machen. Vor allem sollte man die Egalisierung «Eltern – Kind» nicht so weit treiben, dass am Ende das Kind gefragt wird: «Magst du in dieses Gymi oder in ein anderes ...?»

Ansonsten sollten Eltern bei der Schulwahl genau hinschauen, wenn ihnen super Bilanzen aufgetischt werden. Also bitte nicht nach PISA-Werten einer Schule fragen. Denn erstens haben die allermeisten deutschen Schulen keine PISA-Werte, weil sie nicht an diesem Test beteiligt waren. Zweitens – wenn sie sie denn hätten – würden die Schulen ihre PISA-Werte seriöserweise nicht sagen, weil die Stichprobe von knapp 30 Schülern je Schule wenig repräsentativ ist. Falls einzelne Schulen doch mit Testwerten renommieren, dann geht es meistens in die Hose (siehe Kraus, 2005). Auch die Tatsache, dass jedes Jahr neu «Deutschlands beste Schule» durch die Medien gereicht wird, sagt nicht, dass es nicht zigtausend andere gute oder bessere Schulen gäbe. Schließlich bewerben sich um solche Schulpreise zumeist weniger als ein Drittel Prozent der 42 000 Schulen in Deutschland.

Schulpolitik und Schulpädagogik mit Bodenhaftung und Inhalten

Verwöhnung, Überbehütung, Verschonung und Förderwahn durch Eltern, vor allem durch Helikopter-Eltern, entspringen häufig einem mit Sorge unterlegten Wunschdenken, das geboren ist aus der Angst, das eigene Kind könnte mit der Masse identifiziert werden. So manche Bildungspolitik und Bildungswissenschaft ist nicht unschuldig an dieser Psychodynamik, denn in hyperaktiver Betriebsamkeit häufen Politik und Wissenschaft angstmachende Zahlen auf Zahlen und Quoten auf Quoten. Dadurch wird bei vielen Eltern geradezu ein Wettrüsten an Verwöhnung, Überbehütung, Verschonung und Förderwahn angestoßen. Wenn dann noch die Einflüsterungen einer Wirtschaftsorganisation, etwa der OECD, dazukommen, dann wird jede PISA-Debatte zur Abitur-Vollkasko-Propaganda. Teile der Bildungspolitik und Teile der Bildungsforschung fühlen sich offenbar wohl in der Rolle von Meistern der Erniedrigung deutscher Schulen, Schüler und Lehrer. Am Ende greifen Abstiegsangst und Bildungspanik um sich. Eltern meinen schließlich, ihr Kind sei nur dann fit für das globale Haifischbecken, wenn es über einen Hochschulabschluss verfügt.

Keine Panik, es gibt keine PISA-Titanic

Diese Panik ist unbegründet. Die Mittelschicht rutscht nachweislich nicht nach unten ab. Das Institut der deutschen Wirtschaft (IW) stellte 2012 fest, dass Abstiege aus der Mittelschicht sehr selten sind, sie betreffen allenfalls zwei Prozent dieser Gruppe. Und wenn es dennoch vereinzelt zu einem Abstieg kommt, dann ist er meist nur von kurzer Dauer. Nicht einmal die Wirtschaftskrise der Jahre 2008 und 2009 hat laut Institut der deutschen Wirtschaft nennenswert an der Mittelschicht gerüttelt. Auch eine Studie der Konrad-Adenauer-Stiftung belegt Ende 2012, dass 80 Prozent der Bevölkerung zur Mittelschicht zu rechnen sind und dass es sieben Jahre zuvor, 2005, ebenso viele waren. Die Erosion der Mittelschicht findet also nicht statt. Die Angst vor dem Abrutschen ins Bodenlose ist irreal.

Dabei gibt es in Deutschland erheblich mehr Bildungsaufsteiger als -absteiger. Alle gegenteiligen Horrormeldungen entbehren jeder Grundlage. Es ist einfach wahrheitswidrig, weil es die Hälfte der Wahrheit verschweigt, wenn etwa die Bertelsmann Stiftung im Oktober 2012 von deutschlandweit 50 000 Bildungsabsteigern und nur 23 000 Bildungsaufsteigern spricht. Damit ignoriert die Stiftung nämlich in skandalöser Weise, dass es laut Statistischem Bundesamt zuletzt in Deutschland (Stand: 2011) neben 324 711 neuen Studierberechtigten aus allgemeinbildenden Schulen über 181 319 Studierberechtigte gab, die ihre allgemeine bzw. fachgebundene oder ihre Fachhochschulreife über die beruflichen Schulen erwarben. Diese Möglichkeiten der vertikalen und sozialen Durchlässigkeit im deutschen Bildungswesen sind weltweit einmalig, sie passen offenbar aber nicht in das bildungspolitische Gedankengebäude mancher Leute.

Vergessen bleibt dabei häufig: Es geht in Fragen von Bildung nicht um Quote oder schöne Zeugnisse, sondern es geht für den Einzelnen und insgesamt für das Gemeinwesen um die Qualität von Bildung, Ausbildung und Studium. Qualität und Quote stehen leider aber gerade im Bereich Bildung oft in einem reziproken Verhältnis. Ein blankes Quotendenken wäre planwirtschaftlich. Viele der deutschen Berufsabschlüsse unterhalb der formal-akademischen Schwelle haben überdies den gleichen Rang wie andernorts Hochschulabschlüsse. Es ist anzunehmen, dass das, was andere Staaten als «Abitur» oder als «Studium» deklarieren, in Deutschland oft nicht einmal einer Fachschulausbildung entspräche.

Es gibt auch keine Korrelation zwischen Studierberechtigtenquote und wirtschaftlicher Prosperität. Dort, wo man in Europa die niedrigsten Abiturientenquoten hat, hat man zugleich die besten Wirtschaftsdaten. Längst weiß man auch, dass Bayern und Sachsen sowie (noch!) Baden-Württemberg bei wissenschaftlichen Schulleistungsvergleichen regelmäßig mit Abstand am besten abschneiden. Längst weiß man, dass dieser Vorsprung mit eindeutig identifizierbaren Faktoren zu tun hat: In diesen drei Ländern haben die Schüler mehr Unterricht als andernorts

(Kraus, 2011a). Der Zugang eines Kindes zu einer bestimmten weiterführenden Schule ist an gewisse Leistungen geknüpft. Bereits zum Erwerb eines mittleren Schulabschlusses muss sich ein Schüler einer zentralen Abschlussprüfung stellen. Und: Die Anforderungen sind höher, die Notenregelungen strenger. So einfach ist das. Das ist Bodenhaftung.

Trotzdem wird die Motivlage der Pädagogik und der Schulpolitik immer schizophrener. Aus der 68er-Pädagogik wird der Glaube an die Machbarkeit jeder Persönlichkeit und jedes Gesellschaftssystems mittels Pädagogik übernommen.

Unwort «Humankapital»

Das zeigt sich schon in der volkswirtschaftlichen Betrachtung des Kindes als «knappes Gut». Allein der in diesem Kontext gern verwendete Begriff «Humankapital» assoziiert wirtschaftliche Verwertbarkeit. Der Mensch, das Kind wird wie ein Rohstoff gesehen, der durch «Bildung» zu einem «Nützling» werden soll, Bildungsabschlüsse werden zur Ware, Erziehung und Bildung ökonomisch kolonisiert. Welche Blüten das treibt, dokumentieren zwei seltsame Hochrechnungen von «Ökonomen» mit klingenden Namen und/oder Professorentiteln: Die mögliche Rendite einer Reform der Kindergärten und Grundschulreform wird mit acht Prozent Gewinnzuwachs für das Bruttoinlandsprodukt (BIP) angegeben. Und ein IFO-Mann aus München hat errechnet, dass die deutsche Volkswirtschaft bis zum Jahr 2090 (!) einen Gewinn von über zwei Billionen Euro habe, wenn es gelinge, alle deutschen Schüler auf einen PISA-Wert von mindestens 495 zu liften.

Nein, es kann nicht sein, dass an erster Stelle Ökonomen bestimmen, was gelernt werden muss und was abgeprüft wird. «Bildung» verkommt sonst zum Abrichten für ökonomisch verwertbare Kompetenzen. Dass die Kritik daran nicht nur in Deutschland lauter wird, ist erfreulich, wenngleich diese Kritik im vormaligen Land der Dichter und Denker, im Land des Bildungsidealismus, noch nicht durchdringt. Allerdings hat kein anderes Land der Welt irgendwelche Schulleistungsstudien in so gläubiger und zugleich masochistischer Weise angenommen wie Deutschland.

Interessant ist, dass selbst ein so renommierter Soziologe wie der Brite Frank Furedi in seinem bislang nicht in deutscher Sprache erschienenen Buch «Wasted – Why Education Isn't Educating» schreibt: Die Politisierung von Bildung und Erziehung ist eines ihrer Kernprobleme, womit er die fortschreitende ökonomische Betrachtung von Bildung meint. Bildung sei damit entleert worden und ihr Eigenwert in den Hintergrund getreten. Sein US-Kollege Richard Sennett – «Der flexible Mensch. Die Kultur des neuen Kapitalismus» (2002) – beschreibt, wie die globalisierte Wirtschaft den Menschen deformiere. Deren Leitbild sei der anpassungsfähige Mensch, die Ich-AG. (Der Originaltitel des Sennett-Buches von 1998 trifft den Kern des Problems übrigens genauer: «The Corrosion of Character»). Dabei hatte sogar einer der heftigsten Verteidiger des Kapitalismus, Joseph Schumpeter, schon Mitte des 20. Jahrhunderts festgestellt, dass der Utilitarismus, den der Kapitalismus anstiftet, die Familie zersetzt und damit Erziehung und Bildung, weil nämlich der Kapitalismus auf das setzt, was der Familie schadet: Ungebundenheit und Gewinnmaximierung.

Entscheidend sollte für Eltern also nicht sein, was bildungsbewegte Pyrotechniker an Abiturientenquote, Kompetenzenstandards, Outputorientierung, Curricularvalidierung und Just-in-time-Qualifizierung versprechen, sondern was den eigenen Kindern eine Zukunft eröffnet – ob mit oder ohne Hochschule. Das ist das eigentlich Soziale, was Bildung neben der Förderung individueller und kultureller Identität leisten muss.

Konkretes Wissen statt hohler Pseudokompetenz

Und das Wichtigste ist: Wir müssen wieder auf Inhalte setzen! Lasst es nicht zu, möchte man Eltern zurufen, dass aus Lehrplänen Leerpläne werden! Bildungspolitik und sogenannte Bildungswissenschaften berauschen sich schon viel zu sehr an «Kompetenzen»: In den Lehrplänen finden wahre Orgien an Bindestrich-Kompetenzen statt, die Schule ohne inhaltliche Fixierung zu fördern habe: Methoden-Kompetenz, Medien-Kompetenz, Handlungs-Kompetenz, Sozial- und Human-Kompetenz, Kritik-Kompetenz, mentale Kompetenz, Frage-Kompetenz, Orientierungs-Kompetenz, Strukturierungs-Kompetenz, Analyse-Kompetenz, Urteils-Kompetenz, De-Konstruktions-Kompetenz, Re-Konstruktions-Kompetenz, Narrative Kompetenz, Personal- und Selbst-Kompetenz ... Einmünden sollen all diese Kompetenzen – je nach Abstraktionsgrad – in eine elaborierte, intermediäre oder basale Ebene in Vertikal-, Horizontal- oder gar Meta-Kompetenzen. Manche teilen die zu erwerbenden Kompetenzen noch auf in *Soft Skills* und in *Hard Skills*.

Warum überhaupt Kompetenzenpädagogik? Eine der Antworten muss wohl lauten: Es geht auch hier offenbar um Ökonomisierung von Bildung, es geht um Utilitarismus. Es geht nicht um Persönlichkeit, sondern um Personal. Und so wird der Begriff «Kompetenz» bewusst funktionalistisch als Kontrast zum Bildungsbegriff verstanden. Was Kompetenz ist, wird nicht vom Individuum her definiert, sondern vom System her – letztlich vom Kriterium «employability» her. Der Mensch wird qua Kompetenzpädagogik auf «output» getrimmt, er wird zum bloßen «homo oeconomicus», zu einem Torso von Bildungsbürger.

Man muss deshalb den Eindruck gewinnen, dass mit der Kompetenzenpädagogik eine operationalistische Verarmung von «Bildung» droht: Bildung ist das, was PISA misst oder die OECD auszuzählen vorgibt, so scheint es. Bildung ist aber erheblich mehr als das, was PISA misst, denn PISA misst nur einen ganz kleinen Ausschnitt aus dem Lerngeschehen.

Kompetenzen zu testen schafft sich jedenfalls erst die Wirklichkeit, die sie zu bewerten vorgibt. Die Methode definiert den Gegenstand, das Objekt der Messung. Das in messbare Standards übersetzen zu können ist also zu erheblichen Teilen Methodenartefakt. Für die Kompetenzenpädagogik gilt so das, was Popper als Positivismus- und als Reduktionismuskritik formuliert hat. Bildung wird durch ihre Operationalisierung verarmt; man nennt das die normative Wirkung der Empirie. Dabei räumen maßgebliche Testautoren selbst ein, dass etwa die PISA-Tests «ein didaktisches und bildungstheoretisches Konzept mit sich führen, das normativ ist».

Der seit Jahren propagierte Paradigmenwechsel der Bildungspolitik hin zur Kompetenzorientierung stellt sich jedenfalls zunehmend als Trojanisches Pferd für die Schulen heraus: Naiv wie die Trojaner holt sich die Mainstream-Pädagogik dieses Danaer-Geschenk ins Haus, das dort dann seine destruktive Wirkung

entfaltet. Das Ergebnis wird eine Schule ohne konkrete Wissens-
inhalte sein.

Solchen Vorstellungen von «entschlackten, entrümpelten»
Lehrplänen sollten Eltern nicht auf den Leim gehen. Es ist vielmehr eine Renaissance des konkreten Wissens notwendig. Denn
es gilt gerade für Heranwachsende: Man mag sich ja «kom-
petent» fühlen, aber wer nichts weiß, muss alles glauben. Kurz:
Er wäre unmündig. Wahrheit durch Wissen bzw. umfassendes
Wissen – das erst ist ein großes Stück Freiheit.

Elternhaus und Schule: Selbst handeln und nicht delegieren

«Es gibt nichts Gutes, außer man tut es.» Dieser Spruch von
Erich Kästner gilt im Besonderen für die elterliche Erziehung. Der
Glaube, gegen alle Bildungs- und Erziehungsdefizite helfe institutionalisierte Frühförderung oder staatliche Erziehung etwa qua
Kindergartenpflicht oder Ganztagsschule, ist falsch und nicht un-
gefährlich. Eine «Schule total» wird in ihrer Wirksamkeit maßlos
überschätzt. Weder Pflicht-Kita noch Ganztagsschule sind in der
Lage, das erzieherische Bewusstsein und Handeln der Eltern zu
fördern. Eher fördern sie deren Bereitschaft, immer noch mehr
erzieherische Aufgaben an den Staat zu delegieren. Pflicht-Kita
und Ganztagsschule schränken vielmehr das Spektrum kindlicher
Erfahrungen ein. Kurz: Es muss ein Leben außerhalb der Schule
geben. Der Staat darf nicht zum pädagogisch omnipotenten Gou-
vernantenstaat werden.

Gleichwohl vergeht kaum eine Woche, in der man nicht Forderungen nach neuen Schulfächern vernimmt. Schule solle vermitteln: Zähneputzen, Körperpflege, Auto- und Mofafahren, Kurse in Selbstverteidigung, Ernährungslehre, Verbraucherkunde, Arbeitsplatzkunde. Selbst ein Schulfach «Kapitalanlage und Altersvorsorge» ist schon gefordert worden. Damit aber entstehen dicke pädagogische Versandhauskataloge mit einem inflationär wachsenden Spektrum an schulischen Komposita-, Segment- und Bindestricherziehungen: mit Medien-, Freizeit-, Konsum-, Umwelt-, Gesundheitserziehung und Friedenslehre.

Eine solche Atomisierung der Pädagogik ist aber nicht Ausdruck wachen pädagogischen Bewusstseins, sondern Symptom eines Verlusts an Erziehung. Der Wiener Erziehungswissenschaftler Alfred Schirlbauer meint dazu: «Um das Pädagogische wiederzugewinnen, müsste man es begrenzen, zurückstutzen, seine Metastasen operativ entfernen.» Schule ist als gesellschaftlicher Reparaturbetrieb und als Ersatzelternhaus jedenfalls überfordert. Es wäre schulpädagogische Hybris anzunehmen, Schule könne alle aktuellen Jugend- und Gesellschaftsprobleme auffangen. Das wäre ein «pädagogischer Allmachtswahn» (Theodor Litt), für den kein Problem pädagogisch unlösbar erscheint.

Unsere Kinder brauchen keine Schule total. Nur Schule und nichts anderes – das wäre eine Verarmung der Entwicklung der Kinder. Wer das Außerschulische aus dem Alltag der Kinder eliminiert oder als Abziehbild in die Schule hineinnehmen möchte, der kippt viel Wertvolles über Bord. Förderung von Selbständigkeit, Eigenverantwortung und Persönlichkeitsentwicklung heißt schließlich, dass Kinder ihre Freizeit frei gestalten und dass sich Kinder nachmittags auch eigenständig auf den Hosenboden setzen und selbst arbeiten.

Nur was Eltern und Gemeinwesen allein nicht leisten können –

im Besonderen eine anspruchsvolle Bildung –, das hat der Staat zu leisten. In puncto Erziehung und Sozialisation aber muss auf die eigenen Kräfte der Menschen, hier der Eltern, gebaut werden. Schule darf kein Ersatzelternhaus sein. Und staatliche Angebote dürfen zu keinem Funktionsverlust der Familie und des elterlichen Erziehungssouveräns führen, sie sollten nicht dazu verführen, Erziehung «auszusourcen».

Es gibt keine Bildungsoffensive ohne elterliche Erziehungsoffensive. Elternhaus und Schule müssen sich als Partner verstehen. Im Rahmen einer solchen Partnerschaft müssen sich beide klarmachen, wer was zu machen hat und wer was besser kann. Schule hat dabei den schwierigeren Part inne, weil ihr Erziehungsrecht dem der Eltern nachgeordnet ist und weil sie tagtäglich mit mehreren hundert Schülern zu tun hat. Den Eltern muss aber klar sein, dass laut Grundgesetz Artikel 6 Pflege und Erziehung der Kinder «das natürliche Recht der Eltern und die zuvörderst ihnen obliegende Pflicht» sind. Daran muss erinnert werden.

Eine Wiederbelebung der Aufforderung des von Wilhelm Hahn, Hermann Lübbe, Hans Maier, Golo Mann, Robert Spaemann, Nikolaus Lobkowicz und anderen im Januar 1978 initiierten Kongresses «Mut zur Erziehung» ist überfällig. Die nachfolgend dokumentierten und bereits 1978 proklamierten neun Grundsätze haben eine zeitlose Gültigkeit für Elternhaus und Schule, ja, sie sind aktueller denn je. Deshalb seien sie im Wortlaut wiedergegeben.

«*Erstens:* Wir wenden uns gegen den Irrtum, die Mündigkeit, zu der die Schule erziehen soll, läge im Ideal einer Zukunftsgesellschaft vollkommener Befreiung aus allen herkunftsbedingten Lebensverhältnissen. In Wahrheit ist die Mündigkeit, die die Schule unter jeweils gegebenen Herkunftsverhältnissen einzig fördern kann, die Mündigkeit derer, die der Autorität des Lehrers schließlich entwachsen sind. Denn wenn die Schule die Mündigkeit einer Zukunftsmenschheit zum pädagogischen Ideal erhöbe, erklärte sie uns über unsere ganze Lebenszeit bis in die Zukunft hinein zu Unmündigen.

Zweitens: Wir wenden uns gegen den Irrtum, die Schule könne Kinder lehren, glücklich zu werden, indem sie sie ermuntert, «Glücksansprüche» zu stellen. In Wahrheit hintertreibt die Schule damit das Glück der Kinder und neurotisiert sie. Denn Glück folgt nicht aus der Befriedigung von Ansprüchen, sondern stellt im Tun des Rechten sich ein.

Drittens: Wir wenden uns gegen den Irrtum, die Tugenden des Fleißes, der Disziplin und der Ordnung seien pädagogisch obsolet geworden, weil sie sich als politisch missbrauchbar erwiesen haben. In Wahrheit sind diese Tugenden unter allen politischen Umständen nötig. Denn ihre Nötigkeit ist nicht systemspezifisch, sondern human begründet.

Viertens: Wir wenden uns gegen den Irrtum, die Schule könne Kinder «kritikfähig» machen, indem sie sie dazu erzieht, keine Vorgegebenheiten unbefragt gelten zu lassen. In Wahrheit treibt die Schule damit die Kinder in die Arme derer, die als ideologische Besserwisser absolute Ansprüche erheben. Denn zum kritischen Widerstand und zur Skepsis gegenüber solchen Verführern ist nur fähig, wer sich durch seine Erziehung mit Vorgegebenheiten in Übereinstimmung befindet.

Funftens: Wir wenden uns gegen den Irrtum, die Schule hätte die Kinder anzuleiten, «ihre Interessen wahrzunehmen». In Wahrheit gibt die Schule damit die Kinder in die Hand derer, die diese Interessen nach ihren eigenen politischen Interessen auszulegen wissen. Denn bevor man eigene Interessen wahrnehmen kann, muss man in die Lebensverhältnisse eingeführt sein, in denen eigene Interessen sich erst bilden.

Sechstens: Wir wenden uns gegen den Irrtum, mit der Gleichheit der Bildungschancen fördere man die Gleichheit derer, die sich in Wahrnehmung dieser Chancen bilden wollen. In Wahrheit setzt Chancengleichheit stets ungleich verteilte Möglichkeiten ihrer Nutzung frei, und diese Ungleichheit, die sich als Folge realisierter Chancengleichheit erst herstellt, bedarf politischer und moralischer Anerkennung. Denn ohne diese Anerkennung zerstört Chancengleichheit die bürgerliche und menschliche Solidarität derer, denen sie zugute kommen sollte.

Siebtens: Wir wenden uns gegen den Irrtum, man könne über die Schule Reformen einleiten, die die Gesellschaft über ihre politischen Institutionen nicht selber einleiten will. In Wahrheit isoliert man damit die Schule und ihre Schüler gegenüber der Gesellschaft. Denn keine Gesellschaft kann eine Schule als ihre eigene Schule anerkennen, die ihre Schüler eine ganz andere Gesellschaft als ihre eigene anzusehen lehrt.

Achtens: Wir wenden uns gegen den Irrtum, die Verwissenschaftlichung des Unterrichts sei die erzieherische Antwort auf die Herausforderung unserer wissenschaftlichen Zivilisation. In Wahrheit erschwert man auf diese Weise die Erziehung zur Fähigkeit, sich in der wissenschaftlichen Zivilisation an Gegebenheiten und Maßstäben zu orientieren, die eigener Erfahrung zugänglich sind. Denn selbst noch das spätere Erlernen einer Wissenschaft setzt Kompetenzen voraus, die sich schulisch nicht auf dem Wege der Rezeption wissenschaftlicher Informationen erwerben lassen.

Neuntens: Wir wenden uns gegen den Irrtum, optimale Erziehung sei maximal professionalisierte und institutionalisierte Erziehung. In Wahrheit ist Erziehung in keiner Kultur primär ein

Vorgang aus Berufstätigkeit. Denn unsere Schulen können ihren besonderen Beitrag zur Erziehung unserer Kinder nur leisten, sofern auch in ihnen dieselben kulturellen Selbstverständlichkeiten gelten, in deren Anerkennung wir alle vor und außerhalb der Schule stets schon erzogen sind.»

Plädoyer für eine Erziehung mit Leichtigkeit und Humor

Erziehung und Bildung sind – zumal in Deutschland – eine sehr ernste, manchmal eine zu ernste Angelegenheit, wie öffentliche und politische Debatten regelmäßig zeigen. Da ist es zumindest eines Gedankenspiels wert, Erziehung und Bildung einmal von der anderen Seite her zu betrachten, von der Seite des Humors.

Der Mensch hat schließlich als einziges Lebewesen die Begabung zum Humor. Daher kommt wohl die Redewendung vom «tierischen Ernst». Für Rüdiger Vaas (2008) ist der Humor ein Ergebnis der Evolution, denn sie hat dem Menschen mit dem Humor einen Selektionsvorteil verschafft. Mit Humor, so Vaas, habe sich der Mensch besser an die natürliche oder soziale Umwelt anpassen und damit überleben und weiterentwickeln können.

Die alten Römer führten die Begabung des Menschen zum Humor auf eine bestimmte Mischung der Körpersäfte zurück. Für den gebürtigen Griechen und später in Rom tätigen Arzt namens Galen (gestorben vermutlich um 200 nach Christus) waren die Körpersäfte für den Charakter eines Menschen ausschlaggebend. Dem Schleim war der schwerfällige Charakter des Phlegmatikers, der gelben Galle der aufbrausende Charakter des Cholerikers, der schwarzen Galle der Charakter des traurigen Melancholikers und dem Blut der Charakter des heiteren Sanguinikers zugeordnet. Welche individuelle Ausprägung ein Charakter dann hatte und ob ein Mensch schließlich mehr oder weniger Humor aufwies, hing von der Mischung der vier Körpersäfte ab. Als gesund wurde derjenige angesehen, bei dem die Körpersäfte in einem ausgeglichenen Verhältnis zueinander standen. Von daher der Begriff «Humor». Das lateinische «humor» heißt nämlich Feuchtigkeit oder Flüssigkeit. Bekannter dürfte Otto Julius Bierbaums (1865–1910) Sentenz sein: «Humor ist, wenn man trotzdem lacht.» Besser müsste es eigentlich heißen: «wenn man trotzdem lächelt». Denn Humor hat mehr mit Lächeln als mit Lachen zu tun. Er ist feiner und differenzierter zu sehen.

Was Humor ist, glaubt jeder zu wissen. Und dennoch ist es mit dem Humor eine sehr komplizierte und zugleich spannende Angelegenheit. Die Komödie ist für den Schauspieler immer eine besondere Herausforderung. Lexika geben zum «Humor» oft wenig her. Der «Brockhaus» zum Beispiel definiert Humor als heitere Gelassenheit gegenüber den Unzulänglichkeiten von Welt und Menschen und den Schwierigkeiten des Alltags. Ältere Nachschlagewerke definieren ihn als optimistische und / oder abgeklärte Lebens- und Weltauffassung.

Vielleicht könnte man eine Erklärung so versuchen: Humor ist Bejahung des Lebens. Humor kann nur der haben, der bereit ist, die Welt so zu akzeptieren, wie sie eben ist. «Wer Humor hat, bemüht sich nicht, das Dasein umzudeuten, sondern sieht es, wie es ist, mit all seinen Härten, Seltsamkeiten und Verworrenheiten», sagt Romano Guardini. Humor wird dann zum Ausdruck menschlicher Reife. Zu dieser Reife gehört es, dass man sich über die Inkongruenz von Idealem und Realem sowie über den bloßen Schein erheben kann.

Das real existierende Menschenbild mit seiner «masseneudaimonistischen Gesinnungsmoral» (Arnold Gehlen) aber will von der Unvollkommenheit des Menschen nichts wissen. Daraus sind

Visionen von einer grenzenlosen Machbarkeit aller menschlichen Dispositionen entstanden oder gar Visionen einer endgültigen Ausgereiftheit gesellschaftspolitischer Konzepte. Der Glaube an die Vollkommenheit des Menschen oder an Perfektibilität des Nachwuchses eilt aber von einer Enttäuschung zur nächsten, weil die Unvollkommenheit des Menschen ignoriert wird. In der Folge können wir es kaum ertragen, einem Schicksal unterworfen zu sein.

Humor dagegen bedeutet ein gütiges, zugleich lebensbejahendes Hinsehen auf die Unvollkommenheit der Welt und ein Bewusstsein, dass nichts Irdisches und Menschliches je ganz perfekt sein können, dass die menschliche Existenz mit Fehlern und Schwächen behaftet ist und dass in den irdischen Dingen «nicht die letzten Tatsachen des Lebens» liegen. Humor hat insofern mit der Weisheit zu tun, als dass es auf Erden keinerlei Vollkommenheit geben kann. Der Humorvolle vermag alles falsche Pathos und alle Illusionen zu entzaubern. Humorlos dagegen ist derjenige, der die Unzulänglichkeiten des Daseins, auch seiner selbst, zu wichtig nimmt oder gar daran zerbricht. Zwei «Typen» fehlt es dabei besonders am Humor: dem beinharten Rationalisten, der sich ausschließlich vom Verstand, jedoch nie vom Herzen leiten lässt, und dem selbstgerechten Moralisten, weil er ein rigoroser Besserwisser ist.

Humor ist auch ein souveränes, sich selbst relativierendes und zugleich demütiges Hinsehenkönnen auf die Unvollkommenheit und die Schwächen seiner selbst und des eigenen Nachwuchses, er bietet die Chance, eigene Fehler einzugestehen, ohne dass einem ein Zacken aus der Krone fällt. Das macht Distanz zu sich und Kritik an sich selbst möglich. Wo diese Kritik und diese Distanz fehlen, fehlt es am Humor.

Wahrer Humor ist nie oberflächliche Luftigkeit, pure Lustigkeit oder flache Komik. Humor hat vielmehr mit Nachdenklichkeit und Ernst zu tun. Man könnte mit Philipp Lersch, einem der letzten großen geisteswissenschaftlichen deutschen Psychologen, sagen: Humor ist sogar etwas ganz anderes als oberflächliche Lustigkeit. Er ist tiefsinnig und nachdenklich, Lustigkeit ist gedankenlos und oberflächlich. Und: Humor hat einen eigenen Ernst.

Humor hilft. Denn Lachen bietet Hilfe zur Lebensbewältigung, ja gar Lebenshilfe, und es kann Mittel der Psychotherapie sein. Die Klinikclowns nutzen diese Wirkung so zum Wohle schwerkranker Kinder. Denn es ist bekannt, dass Lachen entspannt und erfrischt, weil beim Lachen an die 80 Muskeln aktiviert werden und beim Humor zahlreiche Gehirnareale beteiligt sind.

Das Therapeutische am Humor jedenfalls ist, dass er Spannungen abbauen und Hemmungen lösen hilft, dass er die Resistenz gegenüber Stress fördert, dass er eine resiliente Fähigkeit ist – im wahrsten Sinn des Wortes. Das lateinische «resilire» heißt zurückspringen. Und humorvolle Menschen lassen sich tatsächlich nicht so leicht frustrieren, sie stehen nach einer Schlappe schneller wieder auf. Humor bedeutet also ebenso, eine höhere Frustrationstoleranz zu haben. Man wird schneller mit Niederlagen fertig. Enttäuschende oder angstbesetzte Situationen werden vom Menschen mit Humor anders, nämlich optimistischer bewertet.

Humor kann Ruheinsel und schöpferische Pause inmitten von Hektik und Konfusion sein, weil Humor ein gutes Ventil ist. Große Köpfe – von Aristoteles über Lessing bis Schiller – haben das mit dem griechischen Wort «Katharsis» bezeichnet. Wörtlich heißt das Reinigung oder im übertragenen Sinne die Abfuhr von Spannungen. So ist der Humor beispielsweise in der Lage, den

Aggressionen, die sich nach Frustrationen angestaut haben, freien Lauf zu lassen, ohne aggressiv zu sein. Sigmund Freud, der sich mit einem eigenen Werk mit dem Witz und seiner Beziehung zum Unbewussten befasst und der einen Aufsatz mit dem Titel «Der Humor» verfasst hat, kommt zu dem Ergebnis, dass der Mensch mit seinem Lachen bei Witzen innere Spannungen auflöst. Dabei, so Freud, habe der Humor nicht nur etwas Befreiendes, sondern auch etwas Großartiges und Erhebendes. Dieses liege offenbar im Triumph des Narzissmus, in der siegreich behaupteten Unverletzlichkeit des Ichs. Moderne Psychologen formulieren das etwas komplizierter: «Humor ist ein kreatives Mittel der Kontingenzbewältigung, also des Umgangs mit Unwägbarkeiten, er ist ein Mittel zur Auflösung von Widersprüchen, auch zur Relativierung von Problemen.»

Vor allem aber hat der Humor eine wichtige soziale Funktion: Er steckt zum Lächeln an, er versöhnt, er signalisiert Friedfertigkeit, er vermittelt Wertschätzung für den Mitmenschen, zum Beispiel für das Kind oder den Schüler, er macht beliebt, er erlaubt es, Kritik freundlicher zu formulieren. Das sind die Gründe, warum Leute mit Humor beliebter und erfolgreicher sind. Ein weiterer Grund dafür dürfte zudem sein, dass Menschen mit Humor nicht ständig jammern und sich nicht ständig den Puls fühlen.

Kinder können bereits sehr früh humorvoll sein und den Witz sofort erkennen. Sie lachen gern. Mit gut einem Jahr sind sie schon in der Lage dazu. Sie lachen dann verstärkt über unstimmiges Verhalten, zum Beispiel wenn Papa oder Mama eine Maschine oder ein Tier imitiert oder über unstimmige Aussagen, zum Beispiel wenn ein Erwachsener eine Blume als einen Vogel bezeichnet. Oder sie necken ihre Eltern und Geschwister.

Dieses grandiose Potenzial, die Fähigkeit der Kinder zum Humor, wird in Familie und Schule zu wenig genutzt. Und darum ist der Humor in der wissenschaftlichen und in der praktischen Pädagogik auch zu wenig vertreten. Vielmehr geht es dort oft unglaublich humorlos zu. Offenbar befürchtet man Autorität zu verlieren, wenn sie nicht mehr ganz so todernst daherkommt wie bei PISA-Ergebnissen und Abiturienten-Quoten. Kurz: Der Humor als pädagogische Dimension wird nicht ernst genommen. So gerieten gerade ab den 1970er Jahren «Humor» und «Freude» in der Pädagogik gänzlich aus dem Blickfeld. «Spaß» machen sollte Schule durch ein möglichst anstrengungsfreies Lernen im Edutainment-Ambiente.

Beleg für diese Humorlücke ist die Tatsache, dass dazu kaum wissenschaftliches Schrifttum vorliegt. Auffindbar sind nur folgende Werke: In Otto Friedrich Bollnows «Die pädagogische Atmosphäre» (1961, 2001) findet sich ein Kapitel über die Grundhaltung des reifen Erziehers, zum Beispiel über die Grundhaltung des Humors. Außerdem in Fritz März' «Humor in der Erziehung – Bemerkungen über eine pädagogische Rarität» von 1968 oder Walter Jahns «Am Anfang war das Lächeln – Der fast vergessene Humor in der Erziehung» von 1971. Und zuletzt: Christian Fricke: «‹Humor› in der Pädagogik – Wirkung und Stellenwert eines pädagogischen Mediums», 2006.

Ironie, Süffisanz, Sarkasmus, Zynismus, Hohn, Nihilismus und Spott – all das komme leider vor in Erziehung und Bildung. Aber all diese destruktiven Haltungen hätten dort nichts zu suchen, sie wären Ausdruck von Liebesunfähigkeit, Kälte und Schärfe. Nein, Humor sei der Gegenpol von all dem. Humor in der Erziehung habe nämlich mit Zuneigung, mit Wohlwollen, mit Wärme, mit Güte, mit Gelassenheit, mit Wertschätzung des Zöglings zu tun. Humor wolle auch nicht lächerlich machen, sondern zum Lächeln verführen und im Bedarfsfall freundschaftlich kritisieren, ohne alles auf die Goldwaage zu legen, so könnte man die Anliegen dieser Pädagogen zusammenfassen.

Otto Bollnow (1903–1991) hat in seinem 1961 erschienenen und 2001 neu aufgelegten Werk «Die pädagogische Atmosphäre» drei Grundhaltungen des reifen Erziehers beschrieben. Neben Heiterkeit und Güte ist das der Humor, er stellt für Bollnow beim erzieherischen Handeln so etwas wie «die Gabe der leichten Hand» dar. Der humorvolle Erzieher nehme, so Bollnow, die kleinen Kümmernisse des Kindes mit einer gewissen Leichtigkeit wahr. Und weiter: «Indem er den Fehler nicht schwer nimmt, indem er zeigt, wie man Abhilfe schaffen kann, indem er vor allem nicht gleich alles auf die Waage strenger Gesetzlichkeit legt, sondern in heiterer Weise darüber hinweggeht, hilft der auch dem Kind darüber hinweg.»

Der Sportwissenschaftler Ernst J. Kiphard, der als junger Erwachsener als Clown tätig war, in der Kinder- und Jugendpsychiatrie arbeitete und stets um eine humorvolle, reflexive Distanz zu einem selbst warb, führt an, dass «humorvolle» Kinder ihre Probleme besser kompensieren könnten als andere Kinder. Sie seien hoffnungsvoller und gingen optimistischer ins Leben. So kann «Humor» auch helfen, Kinderängste besser zu bewältigen.

Dass der Humor sogar intellektuell förderlich ist, sei auch nicht ganz vergessen. Humor hat mit Intelligenz zu tun. Jedenfalls schulen der humorvolle Umgang miteinander und der spielerische Wortwechsel die Fähigkeit des Querdenkens – ebenso wie der Witz bereits sprachgeschichtlich mit Wissen zu tun hat: «Witz» kommt nämlich von «Wissen». Im Wort «gewitzt» und im Ausdruck «jemand hat Witz» hat sich diese Bedeutung teilweise erhalten.

Auch Herman Nohl (1879–1960) kennt und beschreibt drei Wesenseigenschaften des «guten» Erziehers: Neben seiner Erkenntnis der schöpferischen Kraft der Erziehung und der Überparteilichkeit des Erziehers nennt er den Humor bzw. den «pädagogischen Humor» als Merkmal des guten Erziehers. Eltern und Lehrer sollten sich dessen bewusst werden und sich weniger als pädagogische Schwerstarbeiter verstehen (als «homo faber»), sondern vielmehr als spielerisch Erziehende (als «homo ludens»). Soll Erziehung nicht noch mehr ein todernstes Unternehmen werden, so brauchen wir gerade hier den «homo ludens» – als Menschen spielerischer Heiterkeit.

Die Erziehenden müssen endlich die Schwächen und die Unvollkommenheit der eigenen Person als Vater, Mutter und Lehrer sowie die der Kinder akzeptieren. Erziehende, die Humor haben, wissen um beide Grenzen: die Grenzen des Kindes und die eigenen Grenzen. Jedenfalls nimmt der «pädagogische Humor», so er nicht zur Komik verkommt und nicht im Übermaß strapaziert wird, äußerst günstigen Einfluss auf Erziehung und Bildung. Humor befreit Eltern und Lehrer von der Annahme, alles immer richtig machen zu können. Sie erreichen mit Humor oft mehr als mit Strenge, mit Härte oder gar mit Kommandopädagogik. Denn Humor schafft Akzeptanz, stimmt versöhnlich und verbindet.

Literatur

Adler, Alfred: Heilen und Bilden. Frankfurt/Main 1973
ders.: Menschenkenntnis. Frankfurt/Main 1973
ders.: Der Sinn des Lebens. Frankfurt/Main 1973
ders.: Kindererziehung. Frankfurt/Main 1976
Ariès, Philippe: Geschichte der Kindheit. München 1982
Bergmann, Wolfgang: Lasst eure Kinder in Ruhe! Gegen den Förderwahn in der Erziehung. 4. Auflage, München 2012
Bly, Robert: Die kindliche Gesellschaft. Über die Weigerung, erwachsen zu werden. München 1996
Bolz, Norbert: Das Wissen der Religion. Betrachtungsweisen eines religiös Unmusikalischen. München 2008
Bruckner, Pascal: Ich leide, also bin ich – die Krankheit der Mo-
derne. Eine Streitschrift. Weinheim 1996
ders.: Ich kaufe, also bin ich. Mythos und Wirklichkeit der glo-
balen Welt. Berlin 2002
Bruer, John T.: Der Mythos der ersten drei Jahre – Warum wir
lebenslang lernen. Weinheim 2000
Caspary, Ralf: Alles Neuro? Was die Hirnforschung verspricht
und nicht halten kann. Freiburg 2010
Crouch, Colin: Postdemokratie. Berlin 2004
Cunningham, Hugh: Die Geschichte des Kindes in der Neuzeit.
Düsseldorf 2006
Demandt, Alexander (Hrsg.): Das Ende der Weltreiche. Hamburg 1997

Elias, Norbert: Zivilisierung der Eltern (1980). In: Elias, Norbert: Aufsätze und andere Schriften II. Berlin 2006

Elschenbroich, Donata: Weltwissen der Siebenjährigen: Wie Kinder die Welt entdecken können. München 2002

Fest, Joachim: Der zerstörte Traum. Vom Ende des utopischen Zeitalters. Berlin 1993

Frick, Jürg: Die Droge der Verwöhnung. Beispiele, Folgen, Alternativen. 4. Auflage, Bern 2011

Fricke, Christian: «Humor» in der Pädagogik. Wirkung und Stellenwert eines pädagogischen Mediums. Regensburg 2006

Furedi, Frank: Die Elternparanoia. Warum Kinder mutige Eltern brauchen. Frankfurt/Main 2002

ders.: Wasted. Why Education Isn't Educating. London 2009

Freud, Sigmund: Die Zukunft der Illusion. Frankfurt/Main 1973

ders.: Das Unbehagen in der Kultur. Frankfurt/Main 1972

ders.: Massenpsychologie und Ich-Analyse. Frankfurt/Main 1973

Fromm, Erich: Haben oder Sein – Die seelischen Grundlagen einer neuen Gesellschaft. Stuttgart 1976

Hensel, Horst: Erziehungsnotstand. Eine Streitschrift für Erziehungspolitik. Asendorf 2002

Huxley, Aldous: Schöne neue Welt. Frankfurt/Main 1996

Jahn, Walter: Am Anfang war das Lächeln. Der fast vergessene Humor in der Erziehung. Bern 1971

Jaspers, Karl: Was ist Erziehung? Ein Lesebuch. München 1992

Jean Paul: Levana oder Erziehlehre. Bayreuth 1811

Kraus, Josef: Spaßpädagogik. Sackgassen deutscher Schulpolitik. München 1998

ders.: Der PISA-Schwindel. Unsere Kinder sind besser als ihr Ruf. Wien 2005

ders.: Ist die Bildung noch zu retten? Eine Streitschrift. München
2009

ders.: Bildung geht nur mit Anstrengung: Wie wir wieder eine
Bildungsnation werden können. Hamburg 2011

ders.: Das Schulleistungsgefälle in Deutschland. Fakten, Diagnosen, Hintergründe. Bornheim 2011a

Kraus, Joseph: Menschenbild und Menschenbildung bei Johann
Ludwig Vives 1492–1540. München 1956

Lasch, Christopher: Das Zeitalter des Narzissmus. München
1982

Lorenz, Konrad: Die acht Todsünden der zivilisierten Menschheit. München 1984

Maaz, Hans-Joachim: Die narzisstische Gesellschaft. Ein Psycho-
gramm. München 2012

März, Fritz: Humor in der Erziehung – Bemerkungen über eine
pädagogische Rarität. München 1967

Mause de, Lloyd (Hrsg.): Hört ihr die Kinder weinen. Eine
psychogenetische Geschichte der Kindheit. Frankfurt/Main
1980

Merkle, Tanja/Wippermann, Carsten: Eltern unter Druck. Selbst-
verständnisse, Befindlichkeiten und Bedürfnisse von Eltern
in verschiedenen Lebenswelten. Eine sozialwissenschaftliche
Untersuchung von Sinus Sociovision im Auftrag der Konrad-
Adenauer-Stiftung e. V. Stuttgart 2008

Mogel, Wendy: The Blessing of a Skinned Knee – Using Jewish
Teachings to Raise Self-Reliant Children. New York 2008

Neumann, Dieter: Die «68er»-Bewegung und ihre pädagogischen
Mythen. Bornheim 2008

Nuber, Ursula: Der Mythos vom frühen Trauma – Über Macht
und Einfluss der Kindheit. Frankfurt/Main 1995

Oelkers, Jürgen: Pädagogische Ratgeber. Erziehungswissen in populären Medien. Frankfurt/Main 1995

ders.: Erziehung als Verhandlung. Vortrag vom 6. März 2002 in Langenthal

Postman, Neil: Wir amüsieren uns zu Tode. Frankfurt/Main 1985

ders.: Das Verschwinden der Kindheit – Urteilsbildung im Zeitalter der Unterhaltungsindustrie. Frankfurt/Main 1987

Pörksen, Bernhard/Krischke, Wolfgang (Hrsg.): Die Casting-Gesellschaft – Die Sucht nach Aufmerksamkeit und das Tribunal der Medien. Köln 2010

Reichenbach, Roland/Oser, Fritz (Hrsg.) Die Psychologisierung der Pädagogik. Übel, Notwendigkeit oder Fehldiagnose. Weinheim und München 2002

Riemann, Fritz: Grundformen der Angst: Eine tiefenpsychologische Studie. München 1981

Roth, Gerhard: Bildung braucht Persönlichkeit. Wie Lernen gelingt. Stuttgart 2011

Schelsky, Helmut: Die Arbeit tun die anderen: Klassenkampf und Priesterherrschaft der Intellektuellen. Opladen 1975

ders.: Der selbständige und der betreute Mensch. Politische Schriften und Kommentare. Frankfurt/Main 1976

Schirlbauer, Alfred: Ultimatives Wörterbuch der Pädagogik – Diabolische Betrachtungen. Wien 2012

Sennett, Richard: Verfall und Ende des öffentlichen Lebens – Die Tyrannei der Intimität. Frankfurt/Main 1985

ders.: Der flexible Mensch – Die Kultur des neuen Kapitalismus. Berlin 1998

Sloterdijk, Peter: Regeln für den Menschenpark. Ein Antwortschreiben zu Heideggers Brief über den Humanismus. Frankfurt/Main 1999

Stern, Elsbeth: Lernen – der wichtigste Hebel der geistigen Ent-
wicklung. Zeitschrift Universitas, Nr. 683, Mai 2003
Tschöpe-Scheffler, Sigrid: Elternkurse auf dem Prüfstand – Wie
Erziehung wieder Freude macht. Opladen 2003
Vaas, Rüdiger: Hirn und Humor – Der Witz im Visier der Wis-
senschaft. Zeitschrift Universitas, Nr. 745, Juli 2008
Winterhoff, Michael: Warum unsere Kinder Tyrannen werden.
Oder die Abschaffung der Kindheit. München 2010
Wunsch, Albert: Die Verwöhnungsfalle. Für eine Erziehung zu
mehr Eigenverantwortlichkeit. München 2013